高校图书馆管理工作研究

于永丽 著

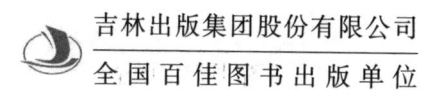

吉林出版集团股份有限公司
全国百佳图书出版单位

图书在版编目(CIP)数据

高校图书馆管理工作研究 / 于永丽著. —— 长春：吉林出版集团股份有限公司，2022.9
ISBN 978-7-5731-2277-3

Ⅰ.①高… Ⅱ.①于… Ⅲ.①院校图书馆—图书馆管理—研究 Ⅳ.①G258.6

中国版本图书馆 CIP 数据核字(2022)第 175826 号

GAOXIAO TUSHUGUAN GUANLI GONGZUO YANJIU
高校图书馆管理工作研究

著　　者	于永丽
责任编辑	杨亚仙
装帧设计	张啸天

出　　版	吉林出版集团股份有限公司
发　　行	吉林出版集团社科图书有限公司
地　　址	吉林省长春市南关区福祉大路 5788 号　邮编：130118
印　　刷	唐山富达印务有限公司
电　　话	0431－81629711　（总编办）
抖音号	吉林出版集团社科图书有限公司 37009026326

开　　本	787mm×1092mm　1/16
印　　张	8.25
字　　数	139 千字
版　　次	2023 年 1 月第 1 版
印　　次	2023 年 1 月第 1 次印刷

书　　号	ISBN 978-7-5731-2277-3
定　　价	52.00 元

如发现印装质量问题，请与市场营销中心联系调换。

前　言

　　高校作为社会各类人才培养的中心，对社会发展起到了不可替代的作用，而图书馆作为高校的文献信息中心，其管理工作是高校教育、科研的重要组成部分之一，更有助于促进高校教学和学科研究。所以，做好高校图书馆管理工作，对学校的整体建设、教学和学科研究有推进作用。图书馆管理水平的高低，不但表现在它的藏书量，更应体现在内部管理工作和环境上。基于此，笔者编写了《高校图书馆管理工作研究》一书，以期使图书馆更好地发挥其教育和服务职能，为高校的教学科研提供更高质量的服务。

　　本书内容包括图书馆管理概述、图书馆服务管理、图书馆用户管理、图书馆全面质量管理、图书馆目标管理和战略管理、图书馆信息技术整合、图书馆行政管理、图书馆档案信息化管理。全书构思严谨、观点新颖、深入浅出、知识系统完善，希望对相关工作人员有所帮助。

　　在编写过程中，笔者参阅了大量的相关专著及论文，在此对相关文献的作者表示感谢。由于编写水平有限，书中难免存在不妥之处，敬请各位专家、读者批评指正。

目　录

第一章　图书馆管理概述 ··· 1
第一节　图书馆管理的概念与特点 ····································· 1
第二节　图书馆管理应遵循的原则 ····································· 7
第三节　图书馆管理的作用和工作组织 ······························· 10

第二章　图书馆服务管理 ·· 17
第一节　图书馆外借和阅览管理 ······································ 17
第二节　图书馆参考咨询服务管理 ···································· 21
第三节　图书馆文献检索服务管理 ···································· 24
第四节　图书馆文献传递服务管理 ···································· 27
第五节　图书馆个性化信息服务 ······································ 30

第三章　图书馆用户管理 ·· 35
第一节　图书馆用户管理的意义 ······································ 35
第二节　图书馆用户信息对管理的影响 ······························· 38
第三节　图书馆用户教育 ··· 42

第四章　图书馆全面质量管理 ··· 47
第一节　图书馆全面质量管理的一般原理 ····························· 47
第二节　全面质量管理在图书馆工作中的应用 ························· 58

第五章　图书馆目标管理和战略管理 ···································· 67
第一节　图书馆目标管理 ··· 67
第二节　图书馆战略管理 ··· 75

第六章　图书馆信息技术整合 ··· 81
第一节　图书馆数字资源整合 ·· 81
第二节　图书馆网络信息资源整合 ···································· 85
第三节　图书馆知识资源整合 ·· 91

第七章　图书馆行政管理 ·· 97
第一节　图书馆行政管理的内容及特点 ······························· 97

第二节　图书馆行政领导者 …………………………… 101
　　第三节　现代图书馆管理系统的组成 ………………… 104
第八章　图书馆档案信息化管理 ……………………………… 107
　　第一节　档案信息化管理概述 ………………………… 107
　　第二节　档案信息化管理存在的问题及策略 ………… 114
　　第三节　电子文件管理与电子文件中心 ……………… 119
参考文献 ………………………………………………………… 125

第一章　图书馆管理概述

第一节　图书馆管理的概念与特点

一、图书馆管理的概念

作为一门新兴的交叉学科,现代图书馆管理是现代管理学理论与当代图书馆管理实践有机结合的产物。图书馆管理是图书馆学研究的主要对象,也是图书馆学中的重要分支学科,是集业务管理与行政管理于一体的管理学应用学科。

国外学者一般不明确界定图书馆管理的内涵,如罗伯特·D.斯图亚特和约翰·泰勒·伊斯特利克合著的《图书馆管理》、W.M.福鲁明著的《图书馆组织与管理》、沃伦·B.希克斯与阿尔马·M.蒂林合著的《现代图书馆管理》以及 Robert D. Stueart 和 Barbara B. Moran 合著的 *Library and Information Center Management* 等书中,均无图书馆管理的明确定义。而与此不同的是,国内图书馆研究领域的学者对图书馆管理进行了不同层面的意义界定。

例如:

郭星寿认为:"所谓图书馆管理,就是在遵循图书馆工作的客观规律的基础之上,依据相关的法律、法规对图书馆工作内容与工作程序进行的一系列有组织的管理活动。"

于鸣镝认为:"图书馆管理是在现代科学理论的指导下,按照图书馆工作规律,将图书馆的知识资源、人力资源、物质资源进行整合,并以最大限度实现图书馆的运营目标为追求的一种管理活动。"

李松妹认为:"现代图书馆管理是全面运用现代管理理论,用以指导现代图书馆全部活动,提升现代图书馆管理水平的整个过程。"

谭样金认为:"图书馆管理是图书馆通过专门的机构和人员,合理配置和使用图书馆资源,达到预期目标的过程。"

上面几种对图书馆管理定义的陈述虽然在表达方式和语言组织上有很大区别,但从这些定义陈述的深层意义来看,并没有本质上的差别。从内容上来说,以上几种定义都是围绕图书馆工作客观规律、图书馆的职能及作用、图书馆的资源及组织优化等方面展开论述的;从性质界定上来说,这几种定义对图书馆管理性质的认定都是某种活动或者过程。我们不能简单说哪一种定义是对的,哪一种定义是错的,因为这些定义都是对图书馆管理的客观描述和界定,并且具有很强的实践应用性。

对相关的定义进行综合,可以得出图书馆管理的定义:图书馆管理是指引导人力资源、信息资源、财力资源和物质资源进入动态的图书馆以达到图书馆的目标,使读者获得满意,并且使图书馆馆员也获得高度的士气和成就感的活动。

这一定义吸收和借鉴了很多学者对图书馆管理的定义,具有非常强的综合性和包容性,这里我们对该定义进行深入的分析与解剖。

图书馆管理是一种资源整合与引导,在图书馆管理过程中涉及的人力资源、物质资源、信息资源以及知识资源都是图书馆管理的对象。在图书馆管理实践当中,要从图书馆运营的层面对四种资源进行合理的调配,促进各种资源的平衡发展、健康发展,让每一种资源都发挥出最大的作用。

图书馆管理是一个动态管理的过程,这一特点也在该定义中得到很好的确认和体现。图书馆的经营和运作始终处于不断发展变化的外界环境中,因为社会文明在发展,科学技术在进步,生活方式在改变。外界环境的变化对图书馆管理工作提出动态性的要求,图书馆的管理手段和管理措施必须依据外界环境的变化进行相应的调整,对图书馆的各项资源进行合理的配置与开发,保证图书馆能够在不断变化的外界环境中完成预期的发展目标。

在这个定义中,对达成目标的强调也是图书馆管理定义不可缺少的部分。任何管理活动都是为了完成某种预期而开展的,因此在图书馆管理的定义中,必须对预期的达成目标进行强调。

在图书馆管理过程中衡量是否达到预期的管理目的和经营目的的基本标准是图书馆服务对象的满意程度和图书馆服务作用是否得到了有效的发挥。图书馆是用来进行阅读和资料查找的场所,因此读者是图书馆最主要的服务对象,在衡量图书馆的管理目标是否达成的过程中,要对读者的意见和反馈进行调查和分析。从读者的实践反馈来看,不少读者对图书馆的发展和服务持消极的态度,这对图书馆的长远发展是不利的。为了改善读者对读书馆管理和发展的看法,提升公众对图书馆发展的信心和期待,图书馆管理人员有义务为了更好地满足读者的需求而改进自身的管理,树立更高的发展目标。

定义中的最后一部分是关于对高度士气和成就感的阐述的。这种高度的士气和成就感缘于图书馆被社会认可,缘于图书馆被读者青睐,图书馆的工作人员可以从中收获工作的乐趣和意义。

二、图书馆管理的特点

(一)总合性

所谓图书馆管理的总合性,从管理的范围和过程来说,图书馆的管理活动和管理行为渗透到图书馆工作和活动的各个部分,凡是有图书馆及图书馆服务的地方就存在图书馆管理活动。从历史的角度来说,在中国商代,不仅有藏书之所、掌书之人,而且有管书之法。另据英国考古学家伍利1930—1931年在幼发拉底河口附近的乌尔发掘出的400多块泥版文书和1000多块残片,发现泥版文书中的经济资料是按主题和年代排列的,泥版还挂有内容简介的标志牌。经专家鉴定,这些泥版文书是一所寺庙图书馆收藏的,大约存在于公元前3000年。这是目前有考古证据支持的最早的国外图书管理活动,也代表了国外最朴素、最原始的图书馆管理思想。随着社会的发展和进步,信息技术得到了飞速的发展,图书的形态和服务方式正在发生着革命性的变化,传统的纸质图书正在逐渐向电子读物、数字读物转变,图书馆管理和服务面临着巨大挑战。但是我们认为,无论时代如何变化,技术如何发展,读物的形态如何变化,只要人类还存在阅读的需求,图书馆活动就会存在,图书馆管理活动也会随之存在。因此,在人类发展的文明进程中,图书馆管理活动是一种无处不在、无时不有的社会活动,它在图书馆系统中横贯各个层次,涵盖一切领域,具有总合性。

(二)依附性

图书馆管理活动必须依附于图书馆活动和服务开展才能实现。图书馆管理活动的本质决定了其内容和组织形式必须以其他目的性的活动为依托才能存在,这也是各种管理性活动的基本特点之一。在图书馆管理中,管理人员总是以实现某种目的为期待进行管理规划活动,比如文献采选、分类编目、书刊借阅、参考咨询、文献检索、情报研究等业务的开展和管理都是依附于该工作项目的预期目标进行规划和操作的。

(三)协调性

所谓协调性,是指对图书馆管理过程中的各种要素和各个管理环节进行调整和改造,使不同的工作要素和管理环节之间彼此适应,从而让图书馆工作的开展更加顺利、更加协调。图书馆作为一个特定的管理领域,其业务特点有其独特之处。

首先,从管理活动及管理活动的对象层面来看,一般图书馆管理活动和服务活动都是以某种特定的事物作为具体的活动对象,具有非常强的针对性和专业性。比如,文献的采选以图书馆未收藏的新书、新刊、新报、新光盘等文献载体为对象,而图书资源的分编工作则以图书馆已采购回来的新文献为对象,二者虽然都是以图书文献为工作对象,并以此为基础组织工作内容,但是二者是针对不同阶段、不同状态下的文献组织的管理和服务活动的。在图书馆管理活动中,在管理活动的组织和安排上必须做到细致、谨慎,根据工作性质和工作内容的不同合理调配资源,制订管理计划。

其次,图书馆服务管理工作的任务主要是协调读者与图书馆之间的供需矛盾和利益关系,协调二者在整个图书借阅过程之中的关系,使整个图书馆工作有序开展。从这个角度来说,图书馆虽然有严格的规定和制度,读者在借阅图书的过程中也必须按照图书馆的规章制度进行,但是从本质上来说,图书馆管理制度的制定是以读者为基础编制的,图书馆的管理活动具有很强的制度柔性。

(四)组织性

图书馆管理的组织性主要体现在两个方面,下面我们分别对其进行分析和介绍。

1.图书馆的组织依附性

图书馆大多是依附一定的组织存在的,因此在图书馆管理中会体现出明显的组织机构特点,比如学校图书馆、科学图书馆、企业图书馆、公共图书馆、工会图书馆等不同组织机构下的图书馆在组织形式、规章制度、服务方式、管理目标上存在非常大的差异。组织本身具有管理职能,在依附于组织机构存在的图书馆管理中,组织机构本身就是管理的主体,图书馆管理活动体现了明显的组织机构活动特点。

2.管理活动本身的组织性

管理活动需要对不同的资源进行分配与整合,比如在管理过程中,管理者需要对人力资源进行调配和开发,将不同特点的员工安排在不同的岗位上,使其能够发挥更好的作用。组织活动从某一方面来说就是一种资源的整合与调配,在组织活动中通过科学规划将人力资源、物质资源、信息资源、环境资源进行整合,使其能够在完整的管理体系中顺畅地运作。科学的组织活动能够将组织系统和管理系统中的各种资源进行合理的利用,将游离于体系之外的资源要素吸纳到组织体系中,使得组织体系不断壮大,从而实现组织目标。

(五)变革性

管理活动实际上是一种变革性的组织活动,能够帮助管理者在更高的层面实现其发展目标。图书馆管理作为管理活动的一种,具有管理活动的基本特点,因此图书馆管理活动本质上也是一种变革性的活动。在人们的印象中,图书馆管理是一项非常保守和制度化的行为,因为图书馆的运作方式和管理方式已经几百年没有发生过大变化,图书馆管理活动只是旧管理制度和运作方式的延续。从某种角度来说,图书馆管理活动确实很长一段时间没有发生变革性的管理革新活动,但是如果我们从历史辩证地看待图书馆管理活动,就会发现,图书馆的形式和功能已经很长时间没有出现革命性的变化,作为依附于图书馆存在的管理活动也必然不会发生太大变化。马克思主义哲学告诉我们,物质决定意识,管理活动作为意识领域的存在,其变化必然受到图书馆发展变化的影响。随着信息技术的发展和进步,图书馆无论在资源形态还是服务内容上都出现了史无前例的变化,图书馆管理也因此会出现革命性的变化。

(六)科学性

图书馆的管理是一种动态性的活动,这种动态性虽然难以把握,但是图书馆管理仍然在遵循客观规律运作。关于图书馆管理活动的动态性,我们可以从两类活动中进行理解和体会。

第一种是程序性活动。所谓程序性活动,就是有明确的规章制度可以参考遵循的管理活动。程序性的管理活动具有较强的稳定性,只要按照章程按部就班地执行,就能够保证图书馆服务和各项功能的实现。在图书馆管理活动中常见的程序性活动主要有:各种规章制度,员工的录用、奖惩、培训条例等。

第二种是非程序性活动。所谓非程序性活动,就是指没有明确的规章制度能够提供参考和遵循的管理活动。非程序性的管理活动的出现不是经常性的,大多是管理过程的偶发事件或者出现在管理变革之中的各种无章可循的创新事物或创新行为。

这两类活动虽然在内容和形式上都存在很大差异,但是事实上在图书馆管理和运作中,这两类活动总是存在的,并且二者之间存在密切的关系,很多程序性活动是由非程序性活动转化而来的。

(七)艺术性

由于图书馆管理对象分别处于不同系统、不同部门、不同环节、不同的资源供给条件等环境中,这使得在制定管理策略和管理方案时没有统一的标准和尺度,管理者必须采用不同的管理手段和管理措施来应对不同的工作和管理需求,特别是对于非程序性活动,这种现象更加突出。事实上,管理者针对不同工作内容所做出的不同安排,针对不同的工作目标制定的管理制度,本身就充满管理的艺术。面对不同的管理对象和管理情景,从众多管理方式中选择一种最为契合的方式,凝结了管理规律与选择的艺术。

(八)经济性

众所周知,图书馆存在以资源稀缺性为核心的经济问题,要有效地解决这一问题,就必须从图书馆管理的整体状况出发,对图书馆的人力资源、物质资源、信息资源进行合理的调整与调配,使各种资源在图书馆管理系统中发挥最大的作用。资源的管理与调配是一种需要成本进行运作的组织活动,因此管理活动不可避免地具有经济性。正如我们之前所说的,图书馆管理活动的经济性首先体现在资源配置的成本性,无论是我们传统意义上所说的经济成本,还是因资源调整引发的各种变化对组织运作产生影响所形成的机会成本,都是图书馆管理经济性的体现。除此之外,图书馆管理的经济性还反映在管理方法选择上所带来的成本比较效益,因为在能够满足企业管理目标的管理方式中,绝大多数是以成本为第一原则进行取舍的。

第二节　图书馆管理应遵循的原则

一、集中统一管理的原则

集中统一管理是一条重要原则,也是列宁关于图书馆事业建设的重要思想。集中统一管理是为了克服分散多头领导、各自为政的状况,当然,这种管理不是要束缚各系统、各地区图书馆的手脚,而是使其积极性、主动性得到更好的发挥。集中统一管理主要包括三个方面的内容:一是对图书馆事业建设的方针、政策、发展规划,要集中统一管理;二是对图书馆技术工作实行规格化、标准化的集中统一管理;三是对图书馆立法、制定规章制度、确定人员编制、人员技术职称等行政工作的集中管理。

二、系统管理的原则

系统管理必须抓住五个环节:一是目的性。图书馆整个系统的目的是一致的,但不同行业、不同图书馆、图书馆不同部门的目的是有区别的,因此各系统图书馆只有把握住自己的目的,才能做出成果,而混淆目的必然造成管理混乱。二是整体性。管理必须有全局观念,必须有系统的统筹规划。三是层次性。系统的各层次之间应该职责分明,领导做好领导的事,各层做好各层的事,才能达到有效的管理。四是联系性。五是均衡性。

三、民主管理的原则

图书馆管理工作没有馆员和读者参加,是做不好的。民主管理就是要通过多种形式广泛听取馆员和读者的意见,吸收他们参加管理,接受他们对图书馆管理的监督,发挥他们的主人翁作用。广大馆员参加图书馆管理有利于管理人员克服官僚主义,有助于加强图书馆和广大读者的联系。

四、经济管理的原则

图书馆属于"智力投资",经济管理原则首先是要随着国家经济和科学文化事业的发展,有计划地对图书馆事业进行投资。图书馆事业投资在国家预算中应占一定比例,并保持一定的递增比例。投资过少、比例失调的状况应及时予以改变。其次,要勤俭节约,避免浪费,力求用最少的经费补充读者最需要的、最有科学价值的书刊资料,用最经济的劳动加工整理各种资料,用最省的时间为读者提供各种资料。最后,注意经济效果,要最合理地使用人力和经费,最充分地发挥图书馆各种设备的能力,建立最优化的情报资料的收藏系统和服务系统以及与之相适应的各种科学的规章制度和条例,从而保证图书馆各种活动得以发挥最大效能。

五、坚持以人为本的管理理念的原则

不管社会如何发展,图书馆都应该始终坚持以人为本、以读者为中心的服务理念,尤其是有着沟通读者与图书馆纽带作用的馆员,更应该树立人性化的服务理念。馆员在图书馆读者服务中起着关键的作用,馆员的态度、行为与素质直接影响读者服务的质量,因此,在图书馆的发展过程中,图书馆馆员需要具备创新服务的意识,这就要求图书馆馆员在对图书馆进行管理的时候,做到尊重读者、爱护读者,把满足读者的阅读需求作为自己工作的中心和重点。同时,需要与读者建立良好的关系,将被动服务变为主动服务,这是因为图书馆传统的被动服务已无法满足现代多样化的读者需求。为此,图书馆应该与时俱进,在转变服务理念的同时,还应积极了解读者需求的变化,创新服务内容,自觉主动地为读者提供服务。尤其是作为馆员,要在工作中不断完善自身专业素养与技能,对馆藏资源进行分门别类的整理,便于查找,同时熟悉工作流程与业务,能够针对不同的读者、不同的需求,及时主动地为其提供所需的文献信息,从而真正发挥图书馆馆员的主观能动性作用。

六、坚持质量为上的管理理念的原则

图书馆的馆藏资源是其赖以生存的主要基础,是图书馆服务读者的载体。随着互联网技术和电子储存技术的不断发展及其广泛应用,图书馆的馆藏资源形式也发生了重要变化,由原来单一的纸质文献资料和图书变为由电子文献、纸质文献、网络资源等共同构成的图书信息资源库,极大地丰富了图书馆的馆藏资源,同时加强了读者获取信息的时效性。但馆藏资源类型的丰富不可避免地带来了一些问题,如资料重复、检索方法复杂等。由于各类文献资料所依赖的技术环境不同,因此图书馆应该依据其不同的特性,对图书馆馆藏资源进行优化整合,增强信息资源的利用价值和利用效率,并通过分析研究,为用户提供更好的学习环境和研究环境,从而更好地为用户提供服务。此外,在资源的购置过程中,要充分征求各学科带头人的意见,紧密结合学校的学科建设和研究

方向,充分发挥高校图书馆在学校学科建设中的重要作用。同时,要广泛征询读者的图书需求,制定合理的文献资源购置方案,从而进一步提高图书馆的服务质量。

第三节 图书馆管理的作用和工作组织

一、图书馆管理的作用

图书馆管理的职能是管理在图书馆的业务、政务和职工生活管理过程中所发挥的作用,是管理职能在图书馆的具体执行和体现。图书馆管理的作用主要有以下几点。

(一)决策职能

一般说来,这项职能是图书馆领导机关的主要功能。当然,为了在图书馆管理的过程中最大限度和最有效地发挥决策职能,还应该实现管理决策的科学化、民主化,必须建立健全的民主决策制度,注重信息的公开化。因为决策不仅仅是方案的一次性选择,实际上行政决策贯穿于图书馆管理过程的始终,管理的其他各项职能都离不开决策活动,整个管理实际上是一系列决策的总汇。

(二)计划职能

计划职能是指图书馆各个部门为了实现既定的行政决策目标,对整体目标进行科学分解和测算,并筹划必要的人力、物力,拟定具体实施的步骤、方法以及相应的政策、策略等的一系列管理活动,具体包括计划的制订、计划的执行和计划的检查监督等环节。其目的是使图书馆的各项工作能够有计划、有步骤、有方法地进行,以杜绝领导工作的随意性,避免对图书馆管理的消极影响。

(三)组织职能

图书馆管理组织职能的目标是具体落实和实现决策和计划,是实现管理目标和管理效能的关键性职能。组织职能具体包括:对图书馆各种工作机构的设置、调整和有效运转;各机构职权的合理划分;对全馆工作人员的选拔、调配、培训和考核;对资金、固定资产和其他物品的安排和有效利用;对执行活动中的各项具体工作进行督促、检查和指导;等等。

(四)协调职能

图书馆管理中的协调职能,是指对图书馆行政部门、业务部门以及全体工作人员之间的各种工作关系进行调整和改善,使它们按照分工协作的原则,互相支持,密切配合,步调一致,共同完成本馆内预定的任务和工作。现代图书馆管理是专业化协作的管理,没有协调而要达到共同目标是不可能的。因此,协调是管理运行过程中的一项职能,具体内容包括:协调行政管理机构之间,业务管理机构之间,行政管理和业务管理机构之间,工作人员之间,工作人员与行政管理部门、业务管理部门之间,与本单位之外的政府、企事业和其他组织之间的关系。

（五）控制职能

做好控制职能一般要注意以下几个方面:第一,确立控制标准,使各项工作有可衡量的指标,以采取正确的纠正措施。第二,对管理行为的偏差进行检查和预测,对图书馆管理工作的实际结果与质量进行标准监测,获取管理工作的偏差信息,为下一步采取控制措施提供依据。第三,采取相关措施对图书馆管理工作的行为和过程进行调节,即判断管理行为偏差的性质和层次,确定偏差的程度和范围,找出产生的全部原因,制定相应具体的纠正措施。

总之,图书馆管理的职能是图书馆各个机构设置和改革的重要依据,也是管理运行的必需环节。科学地认识并适应环境和形势的变化,及时地转变职能,有效地进行图书馆管理,具有十分重要的意义。

二、图书馆管理的工作组织

（一）业务机构的设置

业务机构设置首先应该有利于管理,各部门之间既有明确的分工,体现各个部门的工作范围、职责,又便于相应的协作,互相补充,发挥整体的作用。机构的上下分级管理能充分调动全馆工作人员的积极性。要把那些性质相近的工序组织在一起,减少往返传递,避免重复劳动,节省人力和时间,提高各项工作的速度和质量。

一般来说,传统的图书馆通常设立下列部门。

(1)采编部门。主要负责文献资料的采访、征集、验收、登记及注销;文献资料的分类、编目和主题标引;文献采购的协调和馆际交换;编制新书通报;等等。

(2)外借阅览部门。主要负责用户登记、发放借书证件;办理馆藏文献的外借和阅览;管理并指导用户使用目录;宣传推荐文献,指导用户阅读;帮助用户复印复制资料;等等。

(3)参考咨询部门。主要负责编制各种专题书目索引;指导用户使用书目索引、文摘、题录及其他各种工具书;解答用户咨询;等等。

(4)文献典藏部门。主要负责基本书库和保存本书库的组织管理;办理文献的出库和归架;做好文献保护工作。

(5)业务研究辅导部门。主要负责本地区、本系统图书馆的业务辅导工作;组织本地区、本系统图书馆工作经验的交流和图书馆业务的研究;收集、整理并保管图书馆学专业文献资料;有些图书馆业务研究辅导部门还负责办理本地区中心图书馆委员会和图书馆学会的日常工作。

(6)特藏部门。负责珍本、善本文献和其他特藏资料的管理和流通。

(7)自动化部门。负责本馆自动化管理系统的开发、管理与维护工作。

由于影响图书馆业务机构设置的因素很多,所以各个图书馆的机构设置并不是完全一致的。规模较大的图书馆可以分别设立采访部和编目部。规模较小的图书馆经常把采访与编目合并,设立采编部;把阅览与典藏合并,设立典阅部;把参考咨询合并到阅览部,不另设参考咨询部。我国的省、市公共图书馆普遍设立业务研究辅导部,有些大型科学图书馆也设立了业务研究辅导部。有些大型图书馆按出版物类型把图书与期刊分开,单独设立期刊部;有些科学和高等院校图书馆按学科设置业务部门;也有许多图书馆采取先按工序再按语种的方式组织业务工作,采访部下面分设中文采访组和外文采访组,编目部下面分设中文编目组和外文编目组,典藏部下面分设中文书库和外文书库。有的图书馆为便于对不同类型文献的搜集、整理和利用,专设了古籍或地方文献部门,形成了一个从采访、典藏到流通的独立系统。为了加强信息服务工作,有些图书馆设立了信息服务部。为适应市场经济对图书馆的要求,有些图书馆还设立了文献开发部门,负责创收与开发工作。

以上这些业务部门,依据图书馆规模的大小,可以称部,也可以称组,但部和组的工作性质和范围是相同的。

图书馆的全部业务工作是由上述各个业务部门分别完成的,图书馆业务机构都应以用户工作为中心来组建,抓住这一点,业务机构的设置就有了明确的方向。

(二)规章制度的设立

1.建立图书馆规章制度的意义

图书馆规章制度是指图书馆工作人员或用户必须遵守的工作条例、章程、规则、细则和办法。它是图书馆实行科学有效管理的依据和准绳,是整个图书馆工作正常而有秩序进行的保证。

严密的、科学的规章制度不仅要正确地反映图书馆业务工作和技术操作的特点和规律,成为进行业务技术工作的准绳,而且要正确地解决图书馆内各个部门、各个工序和各个环节的业务技术问题、工作人员之间的关系问题,以及图书馆与用户、一部分用户与另一部分用户之间的关系问题。

严密的、科学的规章制度应体现出人们在实践中积累起来的成功经验,也可以说是经验的法定化、条例化、规范化。在改革规章制度时,要严格划分合理的制度与不合理的制度、正确的制度与错误的制度、必要的制度与"清规戒律"之间的界限。图书馆业务工作具有很强的积累性、持续性和连锁性,尤其是属于业务操作技术方面的规章制度更要保持最大限度的稳定性和规格化,应尽量减少和避免不是十分必要的变动。对于必须改的规章制度,破了必须立,最好是先立后破、边立边破,以防青黄不接、难以为继,使工作发生混乱。

2.图书馆规章制度的建立和执行

建立规章制度时,需要考虑以下四个方面的关系。

(1)图书馆与用户的关系:图书馆制定各种规章制度,既要以便利用户为出发点,又要建立在管理科学化的基础上,两者必须统一起来。

(2)用户与用户的关系:从整体上看,图书馆要保护多数用户的利益。例如,图书馆为了严防丢失、损坏文献资料而订立的某些制度,目的就是保护全体用户的共同利益。

(3)利用馆藏文献与保管文献的关系:图书馆的各种规章制度应当从方便用户利用馆藏文献出发,但同时也要考虑到保护图书馆财产的完整。利用文献是图书馆工作的目的,保管文献是为了更好地利用馆藏。图书馆工作人员应从健全规章制度和掌握规章制度方面来调整利用馆藏文献与保管文献的关系。在一般情况下,图书馆的馆藏以满足借阅为主,但在某些情况下,某一种文献或某一类文献,在一定时间内,也可以仅供用户在馆阅览,不能做馆外流通。某些文献只借给科学研究用户,不借给一般用户。这样做是为了保证重点用户的迫切需要,也是从便利用户借阅出发的。

(4)图书馆内部各部门的关系:图书馆内部各部门的工作是一个有机的整体。只有保持各项工作的平衡,图书馆工作才能正常开展,否则就会形成工作被动甚至混乱。应加强收集、整理、典藏等基础工作,为流通推广工作创造更为有利的条件。

为了保证各种规章制度的贯彻执行,还要建立监督检查制度,把贯彻执行规章制度与干部考核、奖惩工作结合起来。

3.图书馆规章制度的内容

图书馆应当有一套既包括行政工作方面的也包括业务工作方面的制度。行政工作方面的制度主要是组织管理制度。它是图书馆开展工作的总纲领,应该对本馆的性质、方针、任务、领导分工、业务工作、会议、学习等问题做出明确的规定。业务工作方面的制度最基本的有以下几种。

(1)文献采集工作制度:包括文献采集的标准和办法及文献采集工作细则。文献采集工作细则是采访人员进行工作的具体守则,它的内容包括采集工作过程的操作技术、质量要求及有关的注意事项,例如文献及用户需求的调查研究、补充、交换、登记、盖章、移交、注销和文献统计分析等工作的细则。

(2)编目工作制度:编目工作细则是对编目工作的总规定,它指出编目工作的整个流程、方法依据、操作技术和质量要求等。由于编目的对象既有图书、期刊、报纸,又有音像资料、计算机文档等,它们的工作流程、方法依据以及操作技术等多少有些不同,所以也应分别加以规定。文献分类规则的内容主要是对分类法的选择和增删,以及对文献进行辨类和归类方法的一些规定。因为文献分类规则牵涉分类目录组织和文献的分类排架等问题,所以制定时应充分考虑本馆的专业特点、馆藏文献成分和用户需求等情况。文献著录条例是关于各种类型文献著录方法的规定。目录组织规则包括对目录体系和目录组织办法的规定。

(3)借阅工作制度:包括用户借阅规则、阅览工作细则。阅览工作细则除对用户提出一些守则性的要求外,还要明确馆员如何接待用户和如何保管文献,规定其服务范围、对象、标准等。

(4)书库管理规则:书库管理规则要对文献排架、出入库登记、馆藏文献动态统计、书刊出纳人员职责、文献装订修补、剔旧、安全防范、清点等工作做出明确具体的规定。

(5)自动化工作管理规则:包括机房管理、数据保存、访问权限、数据安全、设备更新等方面的规定。

除上述几种规章制度外,为了加强图书馆的管理,还必须制定其他一些必要的规章制度,如经费使用和管理条例、设备管理和维修条例、岗位责任制和奖惩条例等。

所有这些规章制度都不是孤立地制定的。在这套规章制度中,既要对馆员和用户提出明确要求,也要对馆藏文献资料做出一些保护性的规定;既要注意处理与馆外有关方面的关系,也要注意处理馆内内务部门之间的关系,还要注意规章制度的整体与部分之间、一项制度与另一项制度之间、同一制度的一条规则与另一条规则之间的前后呼应、互相衔接。

第二章　图书馆服务管理

第一节　图书馆外借和阅览管理

一、图书馆外借服务管理

(一)图书馆外借服务的概念

关于图书外借服务,实际上是图书馆服务过程中最传统和最基础的一种业务活动。这是图书馆针对自己的服务对象提供的,允许读者将馆内藏书和其他类型的文献带出馆外进行使用的一种服务。

读者想享受到这种外借服务,一般需要符合以下相关条件。

(1)必须在该图书馆注册,成为该馆正式的享有外借服务的读者。

(2)读者必须向图书馆提供一定的担保,这种担保有时是一定数量的金钱,有时是某种特定的身份。

(3)必须办理一定的借阅手续,遵守一定的外借规定才能获得图书馆的允许,将图书或其他类型文献带出馆外。

(4)读者享受的借阅时间是有限的。

(二)图书馆外借文献的管理方式和服务类型

1.图书馆外借文献的管理方式

目前,图书馆对自己拥有的馆藏图书或其他类型文献资源的管理方式,一般包括三种模式。

(1)开架式管理方式

这种方式是现在最流行的一种管理方式,读者可以与文献近距离地接触,仔细挑选自己所需的文献。

(2)半开架式管理方式

读者可以看到这些文献,但不能直接接触到这些文献,必须办理一定的手续才能使用这些文献。

(3)闭架式管理方式

读者只能通过检索的方式得到文献的相关信息,然后办理手续,才能接触到这些文献。

这几种外借文献的管理方式,目前在图书馆都有被采用。根据文献的具体内容、形式、年代等因素,由图书馆灵活予以掌握,在保证读者正常使用的情况下,年代较新、复本较大的图书一般采用开架式和半开架式管理方式,而对一些特种图书可以通过闭架管理进行一定的保护。

2.图书馆外借文献的服务类型

对于允许外借的文献,图书馆的外借服务类型通常比较丰富,其中最主要的类型包括以下几种。

(1)个人外借

个人外借主要是指读者以个人的身份独立进行的,可以凭借本人的图书馆借阅证到图书馆服务台办理相关的借阅手续的一种文献外借服务方式。

(2)集体或单位组织外借

集体或单位组织外借主要是专为相关企业、行政单位或具有团体性质的服务对象设立的一种文献外借服务方式。对这种服务对象,图书馆一般可以给予一定的优惠政策,如数量、时间等给予适当增加或延长。

(3)馆际互借

馆际互借是指根据图书馆之间签订的某种合作协议,给予对方服务对象与自己服务对象相同的外借服务,以使更多读者的文献信息需求得到满足。

(4)图书预借

图书外借是指对已经外借的文献,读者可以通过相关的预约,保证自己能及时获得该文献的使用权的一种外借服务类型。

(5)流动外借

流动外借主要是指通过流通站、流动车、送书上门等形式满足读者外借文献的需求。这已经成为目前公共图书馆系统中一种最为常用的服务方式。

二、图书馆阅览服务管理

图书馆阅览服务,在一定程度上又称为内阅服务,具体主要是指图书馆利用自身的文献资源和空间设施提供给读者在馆内阅读的服务活动。阅览服务也是图书馆基本服务工作的重要组成部分,在当今社会的图书馆中,阅览服务与外借服务基本已经融合为一体,外借很多时候是在阅览的基础上进行的,很多图书馆的外借室又是阅览室。目前最流行的图书馆文献管理方式就是藏、借、阅一体化的服务模式,我们也可以称这种服务模式为一站式服务。在这种服务模式中,图书馆彻底采用了"以人为本"的服务理念,读者在阅览过程中不需要通过任何手续就可以实现文献的自主选择,充分享受了自由阅读方式带来的便利。为了能给读者提供更优质的阅览服务,图书馆应在阅览服务过程中,做好以下相应工作。

(一)提供舒适的阅览环境

读者最常使用的地方就是阅览室,所以,对于多数图书馆来说,其阅览室人群密度都比较大,环境也显得较为拥挤。然而,越是在这种情况下,图书馆越应该改善阅览室的环境。

(1)一定要对阅览室的桌椅进行精心挑选,尽量选择那些符合人体工学的设计。

(2)保证阅览环境的光线,配备充足的照明设施。

(3)不断加强阅览环境的室内绿化,使读者在疲倦之余,能放松休息。

(4)保证室内空气清新、环境整洁。阅览室的人过多会导致空气污浊,因此,在保证阅览环境整洁的基础上,还要加强空气流通。

(二)保证阅览时间

图书馆的基础服务就是进行阅览服务,其开放时间的长短是衡量图书馆服务品质的一项重要指标。一般情况下,除非工作需要,很多时候读者只有在其空余时间才能够走进图书馆。如果图书馆也同其他社会组织一样实行正常上下班和公休制度,那么有些人可能很难享受到图书馆提供的服务。

因此,目前很多图书馆都在节假日开放,个别公共图书馆还实行24小时开馆,全年无公休日。所以,在阅览时间上给读者以最大的保证,将是图书馆服务工作中一项实在的惠民举措。

(三)保证提供文献资源的数量和质量

鉴于阅览室是广大读者最常使用的一个地方,图书馆对阅览室的文献资源安排应从数量和质量上予以确切的保证。

所谓数量,就是指文献资源的种类要尽量齐全,有一定的复本量,以保证读者的使用。

所谓质量,具体是指文献资源要尽可能丰富,文献的时效性要强。此外,由于阅览室的文献利用率高,破损也相当严重,所以要注意随时进行修补,并及时淘汰那些无法修补的文献。

(四)平等阅读服务的方式

传统的图书馆阅览服务中,图书馆经常会为一些特殊的人群开设专门的阅览区,致使图书馆阅览室一边是人满为患,另一边则是座位空置。这就在很大程度上造成了图书馆阅览服务的不平等性,既然图书馆是一个公益性服务机构,那么每个走进图书馆的读者都拥有平等阅读的权利。

第二节　图书馆参考咨询服务管理

一、参考咨询的特点和作用

(一)参考咨询的特点

参考咨询工作在图书馆服务中,可以说是一种深层次的服务。

首先,参考咨询的内容必须具有一定的专业性,它是以图书、情报、信息为基础的具有专业性的服务。

其次,参考咨询的内容应该具有多样性。读者可能向从事参考咨询的工作人员提出各种各样的问题,这些问题涉及范围多样、种类多样、层次多样。

再次,参考咨询工作是一项实用性的工作,用以解决读者在获取文献时遇到的实际困难。

最后,参考咨询工作是一项智力性工作,它和外借、阅览服务不同,在开展参考咨询工作的过程中,工作人员需要以自己的个人能力和专业能力来保证服务的进行。

(二)参考咨询的作用

图书馆参考咨询工作在图书馆服务工作中起到了一种非常积极的作用。

首先,参考咨询工作具有使图书馆情报职能得以充分发挥的作用。图书馆情报职能就是将无序的文献信息资源整理成有序的、有价值的、有针对性的文献信息,然后将其提供给有需求的读者。参考咨询工作是一项能很好发挥这项职能的工作。

其次,参考咨询工作能不断地开发馆内的文献信息资源。工作人员在开展参考咨询工作的同时,能将馆内现有的信息资源进行开发,使之成为更加有用的或更方便使用的文献形式。

最后,参考咨询工作可以有效地提高文献的利用率。用户通过参考咨询以后,可以更好地了解图书馆的文献信息资源,从而更频繁、更高效地利用这些资源,使它们的使用效率得到提高。

二、参考咨询的服务内容

参考咨询服务所包括的内容既简单又复杂,其主要工作内容包括以下几个方面。

(一)图书馆的服务指南工作

参考咨询服务的最基本工作就是对用户的提问进行相应的回答。这些问题中很多是关于图书馆基本情况的,如图书馆的位置、一些部门的联系方式、某些业务的部门归属、图书馆的整体布局等信息。所以参考咨询工作主要承担图书馆的服务指引工作,其工作内容较为琐碎。

(二)图书、期刊等馆藏文献的定位和咨询

在读者对图书馆进行利用的过程中,经常会发生一些诸如找不到图书、期刊这些馆藏资源的情况。其中,有些是读者对于图书馆不熟悉造成的,有些则是其他原因造成的。咨询人员应根据具体情况及时给予读者帮助和解答。

(三)向读者做简单的检索方法介绍和检索工具的使用

对于一些不是十分了解图书馆文献信息资源分类情况的读者,咨询人员在做咨询解答时,有必要对读者进行图书分类介绍。对操作容易的检索工作,也应向其演示具体的使用方法,以培养读者自我服务的能力。

(四)专题性参考咨询工作

对于一些相对而言较专业化的课题或研究项目需要图书馆提供专题服务的,图书馆应根据实际情况,组织相应的人员配合完成。

(五)读者咨询工作的反馈总结

对于咨询工作中经常遇到的问题,咨询人员应有计划、有目的地进行总结,有针对性地建立起一个反馈信息表,为以后的咨询工作奠定扎实的基础。

三、参考咨询的服务方式

(1)有针对性地设立咨询服务台。在图书馆最显著的位置设立咨询服务台,由专人负责。

(2)建立FAQ标志板。在馆内相应的位置设立常见问题的回答板,根据反馈信息及时公布回答的结果。

(3)电话咨询。向社会公布图书馆参考咨询的服务电话,在图书馆开馆时间内保证畅通。

(4)网络咨询。利用互联网、QQ、MSN等方式建立相应的网络咨询体系。

第三节　图书馆文献检索服务管理

图书馆开设文献检索服务的目的是帮助读者节约时间和精力,使他们能方便快捷地获得所要查找的相关文献信息。

同时,还可以不同程度地为用户提供最新的背景知识,这样能使用户花费最少的时间了解到最多的相关资讯,并可以跨越语言和专业的限制,对其他国家和领域的文献深入了解。

一、文献检索需要运用的语言

文献检索所需要运用的语言,大体可分为以下四类。

(一)分类语言

分类语言是指以数字、字母或字母与数字结合作为基本字符,采用字符直接连接并以圆点(或其他符号)作为分隔符的书写法,以基本类目作为基本词汇,以类目的从属关系表达复杂概念的一类检索语言。

(二)主题语言

主题语言是以自然语言的字符为字符,以名词术语为基本词汇,用一组名词术语作为检索标志的一类检索语言。主题语言又可详细分为标题词、叙词、关键词。

(三)代码语言

代码语言是指对事物的某方面特征,用某种代码系统进行相关的表示和排列事物概念,从而进一步提供检索的检索语言。

(四)自然语言

自然语言,实际上主要是指在文献中频繁出现的一种任意词。

二、文献检索服务工作的步骤

文献检索,实际上是一项具有非常强的实践性的活动,它强烈要求图书馆工作人员在掌握文献检索的具体规律的情况下,利用文献检索语言在可获得的馆藏文献和非馆藏文献中迅速、准确地查找用户所需要的文献。一般来说,文献检索主要可分为以下步骤。

(1)对于用户查找文献的目的与要求予以明确。

(2)选择适当的检索工具。

(3)对检索途径和方法进行确定。

(4)根据文献线索,查阅相关的原始文献,然后根据具体的要求提供文献检索的最终结果。

三、文献检索的途径

所谓的文献检索途径,实际上就是通过什么角度开始检索的一个过程,目前采用的方式主要有以下几种。

(1)著者途径。

(2)分类途径。

(3)主题途径。

(4)引文途径。

(5)序号途径。

(6)代码途径。

(7)专门项目途径。

四、文献检索服务中常用的方法

(一)直接法

直接法指直接利用检索系统(工具)对文献信息进行检索的方法。

(二)追溯法

追溯法指利用文献后面所列的参考文献,逐一追查原文(被引用文献),然后再从这些原文后所列的参考文献目录逐一扩大文献信息范围,一环扣一环地追查下去的方法。它可以像滚雪球一样,依据文献间的引用关系,最终能够获得更好的检索结果。

(三)循环法

循环法又称为分段法或综合法。它是指分期交替使用直接法和追溯法,做到相互配合。

在检索过程中,各种检索方法都要结合在一起合理地使用,以取得更好、更明显的检索效果。

第四节　图书馆文献传递服务管理

一、文献传递服务的含义和作用

(一)文献传递服务的含义

所谓文献传递服务,其实是从早期图书情报机构作为馆际互借的一种手段出现在图书馆服务中的,从某种程度上来说可以是一种较为重要的资源共享方式。现代意义的文献传递,主要是以信息技术的发展为基础逐渐发展起来的,具有简便、快速、高效的特点。

(二)文献传递服务的作用

1.弥补图书馆的馆藏,解决馆藏资源不足的问题

由于受到各种客观条件的限制,图书馆是不可能完全拥有用户需要的所有文献信息的。而图书馆服务的最终目的,却是最大限度地满足用户的文献需求,文献传递服务就是解决这二者之间矛盾的最好方法。

通过这种简便、易行的服务方式,用户很快就能得到自己所需的文献信息资源,在一定程度上保证了文献资源的提供能力。

2.增加图书馆的收入,缓解图书馆经费的不足

一直以来,资金不足都是图书馆发展过程中的一个巨大瓶颈,虽然国家在一定程度上对图书馆的相关事业投入了极大的金钱,但是分解到每个图书馆的资金却是有限的,所以图书馆如何从服务中获得经济利益也是图书馆发展中需要注意的问题。而文献传递在图书馆服务中一般都是收费服务的项目,因此,如何合理地利用好文献传递服务的经济性就显得极为重要。

二、图书馆文献信息传递服务管理中存在的问题

(一)来自图书馆传统管理方式的影响

图书馆文献传递服务虽然在图书馆服务中有较长的存在时间,但是其实质的作用却一直未获得明显的改变,这方面主要受到图书馆管理传统观念的影响。

目前,许多图书馆的经费主要还是用于购买一些相关的纸版书刊,用于文献传递的费用投入依旧较少。即使在一些图书馆评估的标准中,也把馆藏实物书刊量作为主要统计指标。由于长期受这种观念的影响,必然进一步影响到文献传递服务的相关建设发展。

(二)用户的态度对文献信息资源的影响

近些年,在我国图书馆信息传递服务中,明显出现了用户需求急速下降的趋势。文献传递数量逐年呈现降低的趋势,使得本来发展前景就艰难的文献信息传递服务工作,面临来自服务对象的压力越来越大。

(三)来自网络信息服务的影响

进入21世纪以后,随着网络的迅速发展和广泛普及,图书馆文献传递服务面临着有史以来最大的挑战。随着各种情报机构和文献信息服务机构服务的网络化,人们获得文献信息的渠道大幅度拓宽。诸如期刊网这种学术数据库的开通,更是加大了文献信息服务的难度。

(四)来自知识产权保护的影响

作者拥有一项非常重要的法律权利就是知识产权,这在西方早已获得图书馆界的普遍保护。然而,这在我国法律实践中却并未引起太多关注。不过随着人们法律意识不断地增强,已经有越来越多的人开始注重自己的知识产权保护。而这又进一步对文献信息传递提出了新的挑战。如何既能使读者的信息需求得到满足,又不会损及权利人的法律权益,已经成为图书馆界深入重点研究的一项重要课题。

三、文献信息传递服务中的问题的解决方法

(一)转变传统观念,建立新文献信息传递服务思想

国外文献传递服务对我国图书馆最大的一个启示,就是要勇于冲破来自观念上的束缚,有效提高对文献传递重要性和必要性的深刻认识。图书馆在进行文献信息资源的采集时,在合理利用现有经费扩充馆藏资源的同时,应重新设计其馆藏资源形式,利用文献传递弥补资源的不足。

对于图书馆评价体系而言,也应适当地根据文献传递服务的全面铺开,改

变以往的评价标准,将可能使对图书馆的评价由"你拥有多少藏书"向"你提供多少服务"转移,以便更好地促进文献信息传递服务的进一步发展。

(二)加强文献信息传递服务的宣传工作

大力发展我国图书馆文献传递服务,需要向文献信息传递服务的需求者进行全面系统的宣传,使用户将未能获得满足的信息需求交给文献信息传递服务工作。而从事信息传递服务工作的图书馆工作人员要及时按用户提供的要求进行检索、传递,力图在最短时间内使用户的具体需求得到满足。

(三)加强与文献出版者的联系

要做到切实执行国家知识产权法律、法规,最大限度地保证文献信息资源创造者的利益,图书馆要逐步与文献出版者保持利益的均衡。应在适当的条件下,以各种方法充实馆藏来满足出版者的利益,把知识产权保护渗透到文献信息传递服务中,使知识产权保护与文献信息的正常使用能够有机地结合在一起。

(四)充分利用网络信息快速发展的机遇

适当地将信息传递服务工作推向一个新的高峰。面对电子期刊对文献传递的挑战,不应该回避它带给文献信息传递工作的压力,而是要抓住这样的新技术为文献传递服务,以便为文献信息传递工作提供更方便、更快捷的操作平台,促进图书馆和个别读者间的联系,促进图书馆与图书馆间的联系,最终达到文献资源共享的目的。

第五节　图书馆个性化信息服务

一、个性化信息服务的概念与特征

(一)个性化信息服务的概念

个性化信息服务是指图书馆根据用户对信息需求的特点,在现代化信息技术和数字化信息资源的基础上,为用户提供的定向化的信息服务。想要实现这种服务,一般有两种方式。

(1)用户根据自身的兴趣、爱好和需求定制所需文献信息和信息服务。

(2)图书馆作为提供者,通过有针对性地对用户个性化信息查询行为和个性化特征进行全面分析,对信息资源进行相应的收集、整理和分类,主动向用户提供和推荐相关信息。

(二)个性化信息服务的特征

1.服务对象的个性化

个性化信息服务主要是以用户为中心的一种主动服务,它同以往被动式的服务形式存在极大的区别。它根据每个用户的独特信息需求,对不同的用户采取不同的服务策略,然后在此基础上提供不同的服务内容和服务行为,其目的是使用户的个性化需求服务得到满足。

2.服务内容的个性化

传统的图书馆提供的服务,主要是一种"图书馆提供什么,用户就接受什么"的模式,这种模式中图书馆所提供的服务几乎是千篇一律的形式。

个性化信息服务则不同于传统的服务,它主要提供一种有特色的、多种多样的服务。这种服务具有一定的针对性,是一种"用户需要什么,图书馆就提供什么"的新的服务方式,用户完全可以根据自己的需求,明确地选择自己所需要的具体信息服务,从而各取所需、各得其所。

3.服务方式的个性化

个性化信息服务,从一定意义上来说又是一种智能化的服务。在整个图书馆个性化服务的过程中,从信息过滤、数据挖掘、知识推送到界面定制等服务的开展均是以各种信息技术为支撑的。如 Web 数据库技术、Interface 用户界面、

WetCasting 网播、Agem 智能推送等，用户可以根据个人的爱好、习惯和特点主动地选择自己喜欢的服务方式。

4.服务时间、空间的个性化

在互联网得到快速发展的情形下，图书馆的信息服务在空间上已经进一步延伸到馆外，在一定程度上突破了来自时空的限制，使用户能在其希望的时间和地点得到自己选择的服务。

5.服务方式的互动化

个性化信息服务的具体发展方向，实际上是不断增强系统与用户之间的互动性，使其既能提供足够的弹性空间，实现创建自己的信息集合的功能；还能通过图书馆与用户之间的交流模式，使用户将更多的时间用在评价数据、信息或知识的相应价值上。

二、图书馆个性化服务发展的必要性

（一）个性化服务是图书馆迎合用户需要的一种服务

随着网络科学技术的发展，用户获得信息的主要障碍已从距离上的障碍逐渐地转变为选择上的障碍。而对于这种转变，图书馆必须进行一定的改变，将信息服务工作重心进行一定程度的转移，即从以我为中心的被动服务进一步向以用户为中心的主动服务转变，这样才能紧紧跟上信息时代的发展，为自身的发展创造适当的条件。

（二）个性化信息服务是转型时期图书馆自身发展的需要

在网络大环境下，一方面，图书馆与同行之间的竞争日趋激烈；另一方面，图书馆不再是提供文献信息服务的唯一机构，其余一些联机检索机构、出版社等合作组织都向网上用户提供相应的电子信息服务，这也对转型时期图书馆的信息服务发起了较为严峻的挑战。这要求图书馆必须有针对性地开拓相应的服务领域，不断地开创独具本馆特色的服务项目，更好地吸引读者的注意力。

（三）读者信息需求的复杂性和差异性增加

由于读者间存在年龄、性别、知识结构等方面的差异，也就在很大程度上决定了读者信息需求的个性化。

在对读者进行研究的过程中，要随时查询与课题相关的学术动态，这种求异性也进一步决定了读者对信息的个性化需求。在当今的信息环境中,信息处理的模式已经难以适应这种要求,而个性化信息服务的开展,对这种所谓的缺憾进行了弥补,使对读者的服务质量得到了很大程度的提高。

三、个性化信息服务的服务形式

(一)"MyLibrary"——个人图书馆服务模式

MyLibrary 是一个图书馆提供的由用户需求驱动的、可对特定图书馆的信息资源进行个性化定制的个性化服务系统。应用此系统主要是为用户创建基于特定馆藏资源的个性化资源与服务的集合,在一定程度上减少信息过载。通常来说,MyLibrary 系统的主要功能有:①门户功能;②链接功能;③更新功能;④存储功能;⑤信使功能(就是向用户发送相关信息,方便用户和馆员之间进行书信往来)。

(二)手机图书馆——呼叫中心服务模式

呼叫中心服务模式主要是以手机图书馆为代表,手机图书馆是一种新兴的集阅读、娱乐、互动于一体的多媒体信息传播方式,具有手机增值服务和图书馆服务的双重属性。

当前来看,手机图书馆的主要功能有:①读者账户维护功能;②文献查询、续借、预约、推荐功能;③馆藏电子资源实时阅读功能;④图书馆消息告知功能;⑤参考咨询互动功能。

(三)信息垂直门户服务模式

这种模式能够充分地体现出图书馆个性化信息服务的专业化特点。

(四)信息代理服务模式

这一模式同样使个性化信息服务的主动性得到了明确的体现,不同的是它还具备自动化、智能化的特点。其核心的内容是通过利用智能软件,对用户的具体行为和需求进行跟踪分析,以此为依据自动完成相应的搜索行为,进一步辅助指引用户浏览信息资源。

(五)网络智能服务模式

这种模式主要处于网络环境下个性化信息服务的一个高级阶段,它的明显特征就是以人工智能信息处理技术为主导,从而在一定程度上进行一系列侧重于知识特性的资源组织、处理等相关活动。其为人们在信息搜索行为中提供一定的辅助、指引功效,相对来说要优于一般的数据库。

四、图书馆个性化信息服务中应注意的问题

(一)服务的可执行性

图书馆个性化信息服务可以算是一项图书馆领域新兴起来的服务,这种服务对图书馆人员和技术的要求都很高,图书馆应该根据本馆目前的实际情况,有计划地开展。在开展的初期,需要注意对项目的相关推广,同时要把具体的服务尽可能做细,使读者乐于参与其中。

(二)服务的易操作性

图书馆个性化信息服务必须采用简便易行的操作方法进行,避免出现过于复杂的操作,只有这样,才能够使用户花较少的时间去迅速掌握整个个性化信息服务的相关内容。

(三)服务过程中注意用户的隐私权保护

对图书馆个性化信息服务中用户进行操作的内容,图书馆一定要做好相关的保密工作。因为查阅和订阅内容涉及用户的个人喜好、性格取向以及业务领域的内容,所以要予以一定程度的保护。

第三章 图书馆用户管理

第一节 图书馆用户管理的意义

一、图书馆用户管理的概念

用户是指图书馆的服务对象,凡是利用了图书馆所提供的资源、环境以及服务的个人和团体,都称为图书馆用户。图书馆用户是一个发展的概念,是从最初的读者演化过来的。"用户"与"读者"在本质上并无区别,现已在图书馆学界交替使用,本书为了论述引用方便,默认二者含义等同。

图书馆用户管理是指管理者根据图书馆的目标和任务,对用户进行调查研究,了解其利用图书馆的需求,需求的强弱、特点和规律,协调其同图书馆的关系,为图书馆的各项工作提供可靠的依据,以及激励用户参与图书馆事务,为图书馆服务提供人力、物力、财力支持的过程。简言之,就是发现用户、研究用户、开发用户和激励用户,即挖掘潜在的用户,使他们逐步变成现实的用户,对老用户以不断提高的服务留住他们并努力提高他们的忠诚度。其目的就是在图书馆树立"以用户为中心"、将用户作为一种重要的资源的用户文化理念,进而与用户建立长期稳定的发展关系,以支持图书馆目标的实现。

二、图书馆开展用户管理的意义

(一)有利于培养馆员的用户意识

开展用户管理将促使馆员不断培养用户意识,树立"以用户为中心"的服务理念与服务宗旨,一切以用户的需求为重,实现更优质的公众服务和用户关怀。具体原因在于如下几个方面。

1.用户是图书馆生存的基础

(1)图书馆是为用户存在的,用户是图书馆赖以生存的基础。没有了用户,图书馆就成了无皮之毛、无源之水。封建时代的藏书楼蜕变为图书馆,正是适应了用户的需要。因此广大用户及其需要是图书馆产生和发展的原动力,如果没有用户,图书馆就失去了存在的价值和意义。

(2)用户的利用是图书馆生存与发展的关键。图书馆作用的发挥主要依赖于用户的利用,而图书馆的建筑、藏书、设备技术等都是为用户服务的,所以说,只有通过用户的使用才能体现图书馆的作用和存在的必要性。

(3)关注用户等于关注图书馆的未来。"认知科学研究发现,用户是图书馆服务的主体,图书馆仅仅是用户信息活动的外在工具之一。"用户是图书馆的利用者,但并非图书馆内部的构成要素,而是与图书馆外部相关的,并与其相矛盾的独立存在的主体。这如同大众传播的受众主体,传播者属客体一样,客体必须依从主体,并适应主体的需求。以用户为主体的思想要求图书馆在观念上把"读者是图书馆的读者"转变为"图书馆是读者的图书馆",以促进图书馆读者服务工作持续发展。

2.用户是图书馆工作的评价主体

用户对图书馆工作是否满意,是由用户的感知与期望所决定的,用户是图书馆工作的评价主体。图书馆建设和发展的情况如何,为读者提供服务的质量如何,都要由读者来衡量和判断。

3.用户有权选择图书馆服务

图书馆是图书馆服务产品的提供者,广大用户是图书馆服务产品的利用者和消费者,他们有权选择图书馆服务。

现代信息技术为图书馆的服务延伸和创新提供了更多可能,但也为其制造了越来越多的信息服务领域竞争者,对图书馆服务价值提出了巨大挑战。在网络化环境下,用户利用文献信息资源的方式和手段发生了根本性变化,图书馆不再是用户唯一的查询资料、获取信息的场所。尽管图书馆已经进入免费开放时代,但读者在接受无偿服务时已经有了付出。且不说是不是纳税人问题,就因为利用图书馆,读者会产生一系列交通成本和时间成本,时间成本还包括因读者在利用困难时多花费的时间成本,图书馆服务不友好发生的潜在时间成本等。如果这些成本对于读者来说过于沉重,读者将会做出不利用图书馆的选择。在为当地居民提供公共服务以及政府购买双重理念的影响下,用户数量将在很大程度上决定政府对图书馆的投入。因此,如何通过丰富馆藏、改善服务、优化阅读环境来赢得读者,已成为图书馆工作的重中之重。

(二)有利于提高用户的满意度

开展用户管理将促使图书馆一切工作都围绕读者这一中心、围绕读者的信息需求进行,千方百计满足用户需求,想方设法提高用户满意度。

1.用户满意的含义

满意是对需求是否满足的一种界定尺度,用户是否满意直接反映图书馆的社会效果,对后续需求的产生有直接的影响,是衡量图书馆工作质量的尺度。

根据顾客满意(CS)理论,用户的满意需要从理念满意、行为满意和视觉满意三个方面去衡量。对于某个图书馆来讲,理念满意是指该馆的服务理念带给读者的心理满意状态,包括读者对该馆所确立的服务宗旨、服务战略、服务精神、服务信条、服务风格等的满意状态。

2.满意度的内容

满意度是对图书馆工作的全面评价,其包含三个方面的内容:①满足度;②便利度;③关心度。

(三)有利于图书馆改善服务

用户管理的成果为图书馆修订和完善政策、提出改进工作的重点和措施提供了科学依据,直接指导着图书馆各个方面的工作。因此,开展用户管理有利于图书馆改善服务,是图书馆进行决策的基本需要。图书馆应自觉利用用户管理的成果,指导其他工作的开展。图书馆的所有服务活动,都是围绕用户的需求开展的。图书馆用户的需求具有多样性和复杂性,更好地满足用户需求是图书馆一切工作的出发点和归宿,要达到这一目的,就必须开展用户管理工作。通过用户管理,图书馆可以随时收集和分析用户反映,研究和了解用户对图书馆服务、资源及环境各方面的要求,及时调整或补充文献资源,改进服务,改善环境,把决策和行动建立在对用户信息数据分析的基础上,最大可能地满足用户的各种需求。

第二节 图书馆用户信息对管理的影响

用户信息集中反映用户对图书馆资源与服务的需求,是图书馆馆藏发展政策和服务政策的决策依据。

一、图书馆用户信息与馆藏发展政策

馆藏资源是吸引公众利用图书馆的重要因素,也是图书馆为读者服务的最重要的物质基础。馆藏资源不仅包括印刷型文献,也包括电子信息资源及经过整理的网络信息资源。图书馆根据自身的定位、任务和用户需求,制定相应的有关藏书的收集范围、来访原则、来访标准、来访级别、来访细则、来访计划等基本政策,有计划地、科学地进行选择、收集、组织、保管、复选、剔除文献等全部的业务工作。

馆藏建设的合理化发展离不开用户信息分析。了解用户信息是开展馆藏建设工作的前提,馆藏建设只有建立在用户信息分析基础之上才能更加科学合理。用户信息反映用户的层次类型、知识结构、阅读目的、阅读范围和兴趣;反映馆藏资源的被利用状况;反映用户对现有馆藏的满意度;反映对馆藏的需求、意见和建议。因此,用户信息是对馆藏资源建设情况做出的客观评价,能验证图书馆资源结构的合理性,是制定或完善馆藏发展政策的参考依据。

评价馆藏资源的指标主要包括:①馆藏利用率,是指在一定时间内读者实际使用的文献数量除以馆藏文献总数的比率;②平均每千人年新购置馆藏量;③人均馆藏册数;④各类电子资源的访问、下载数量等。图书馆除了开展统计外,还可通过用户调查获得这些信息,作为调整馆藏发展政策的决策依据。

二、图书馆用户信息与服务政策

一个图书馆的服务政策是否满足用户需求,是否能够发掘用户需求,都可以从用户对图书馆服务的评价中得到答案。通过调查用户信息,可以核查图书馆服务目前人、事、物的状态,检测服务理念、服务目标、服务项目、服务方式等有无修改的必要。因此,用户信息是图书馆制定服务政策的决策依据,是完善图书馆服务政策最好的意见。例如,某图书馆向读者调查关于本馆开放时间的意见,当大多数读者认为开放时间不合理时,该馆就要根据读者的需求对本馆的日常开放时间和节假日开放时间做出相应的调整。

与图书馆服务相关的用户信息有：①借阅服务，包括是否会查找所需文献、获取所需文献的时间、对使用方式（预约、预借等）是否满意、对馆员的服务态度是否满意等；②网络信息服务，包括平均每千人访问图书馆主页的比例、服务中是否保护用户个人信息等；③参考咨询服务，包括回答咨询问题的准确率、是否满意咨询服务的响应时间、对服务方式的需求（是否开展原文传递等）；④读者活动，包括讲座主题是否符合当地听众需求、展览主题和形式是否符合需求、阅读推广活动是否有助于各类读者增加阅读量并养成阅读习惯等；⑤特殊群体，包括儿童、老人、残障人士、弱势人群等对服务的要求。图书馆可通过用户调查获得这些信息，作为调整服务政策的参考依据。

三、图书馆用户信息保护

图书馆用户信息保护是指防止第三方获取图书馆用户信息及当这种信息需要与第三方共享时，图书馆实施控制的能力。用户信息保护是用户管理中一项经常性的工作，包括个人信息和机构信息的保护。用户的个人信息属于个人隐私，机构信息有可能涉及商业秘密，均具有保密性，图书馆都应对其实施保护。

（一）隐私保护政策的制定

隐私是指私人信息不受他人非法采集和公开，以及私人生活安宁不受他人非法侵扰。凡用户信息，包括个人资料、阅读记录、通信地址、获取知识的倾向、个人生活情况等均属个人秘密、隐私。随着信息技术在图书馆服务过程中的充分利用，图书馆调用用户信息十分方便，图书馆馆员不但可以检索到读者的借阅流通记录，还可以检索到用户在网上搜索和进行数字参考咨询服务的相关记录，这样，图书馆内的隐私问题就越来越受到重视。

为了增加对用户信息保护的透明度，同时为了让用户在披露个人隐私信息时感到安全，图书馆采取的最简单有效的办法就是制定一份隐私政策声明，将其在馆内和本馆网站上公布，并严格遵守这一政策。隐私政策声明的功能主要体现在两个方面。

(1)告知功能。通过公告，明确地告诉用户，图书馆在何种情况下收集个人资料、收集的目的和内容、个人对数据资料享有的权利。

(2)制约功能。公示权利和义务的目的是遵守规则，而制约是规则本身的应有之义，当事人如违反规则，理应接受法律上的不利后果。图书馆在一般情况下,不能公开用户个人信息。但是,在法定的特殊情况下,图书馆可以将用户的个人信息公开给相关的政府部门。

(二)用户调查的用户信息保护

当图书馆开展用户调查,需要收集用户信息时,应明确告知对方收集的目的,对用户的注册和流通信息应该严格保密,保证用户信息不外流。图书馆在做完统计汇总之后,要将原始调查问卷封装保存,汇总数据专人专用,以防用户的基本信息泄露,给用户带来不必要的麻烦。

(三)信息服务的用户信息保护

在图书馆为用户提供信息服务的过程中,用户与图书馆馆员之间往来的书面记录、电子邮件、短信咨询、在线聊天内容等都会涉及用户的机密,图书馆应对所有用户的使用记录进行平等保护。

1.个性化信息服务中的信息保护

个性化信息服务是指图书馆根据用户的特定需求,向用户主动、及时、准确地提供所需信息和知识的一种推送服务。它主要表现为两个层次:(1)按用户要求进行信息定制。(2)挖掘用户兴趣模式,为其主动提供需要的服务。在信息的定制过程中,用户的信息需要传给代理端以进行用户建模,会留下用户的个人基本信息、学术兴趣、在研课题和研究方向等细节,定制成功后形成的个性化页面(我的图书馆)更是属于用户的专属空间,其中链接的学科资源、用户订阅的 RSS 信息等,都属于机密。在为用户主动提供所需服务的过程中,系统运用数据挖掘技术对用户的反馈评价信息、服务器日志等网络使用记录进行分析和挖掘,实现对用户的信息需求和潜在需求的动态跟踪、分析和预测,同样存在用户信息被泄露的风险。因此,图书馆在开展个性化信息服务中特别要重视对用户信息的保护。

2.参考咨询服务中的信息保护

图书馆在收集咨询者用户信息前须征得用户的同意,并明确告知修改与更新资料的程序,让用户对其个人资料享有一定的自主权利,杜绝对用户信息恶意、无聊的外露和扩散。

3.网络服务中的信息保护

用户访问图书馆网站,在进行创建、查看、编辑时,服务器上常常会记录大量的用户信息,如用户的 IP 地址、用户访问的时间、浏览的网页等,在提供手机图书馆服务中,会掌握读者的手机号码。图书馆在利用网络提供服务的过程中,要对这些用户信息给予保护,不公开、编辑或透露。

另外,还须防止业务系统的漏洞,避免用户信息在网络上泄露、流传或转卖。

4.企业信息服务中的商业秘密保护

图书馆为企业服务的过程中,可能会接触到企业的技术信息。另外,图书馆在为企业开展信息服务的过程中,企业的信息需求本身就说明这个企业在关注什么,可能在开发相应的产品,这也可以成为竞争对手了解该企业的情报,因而构成企业的商业秘密。商业秘密以秘密状态为必要,商业秘密的这一特殊性要求馆员在服务中树立保密意识,担当保密责任,为权利人保守商业秘密,维护权利人的合法权益。

(四)馆员与用户共同提高保护意识和能力

图书馆一方面要加强馆员的职业道德教育,增强其保密意识,构建用户信息保护的自律机制;另一方面要了解图书馆保护读者隐私政策措施的实质。例如,图书馆内禁止拍照,国内许多有此政策的图书馆中的大多数馆员并不了解禁止拍照是为了什么,只知是图书馆规定。殊不知,禁止拍照是为了保护读者隐私。所以,图书馆不仅需要制定保护读者隐私的政策,以制度约束馆员的行为、读者的行为,而且需要对这些政策做好宣传和培训,使全体馆员不仅懂法,也懂得尊重和维护用户的人格尊严和法律人身权利,更懂得如何切实开展隐私保护工作。

为使用户隐私权受到的威胁最小化,图书馆要引导公众正确使用用户信息保护技术,包括用户信息的表示与识别技术、通信隐私以及安全存取技术等,以实现用户的自我保护,这是用户信息保护最基本的屏障。图书馆还要开展用户教育,将用户信息保护纳入用户教育内容之中,向用户宣传和介绍图书馆用户信息保护的政策和章程,提高用户的自我保护意识和能力。

第三节　图书馆用户教育

一、现代图书馆用户教育的原则

现代图书馆为了做好用户教育工作,使用户教育取得良好的效果,在开展用户教育时应遵循以下几个原则。

(一)目标性原则

目标性原则指的是现代图书馆用户教育应紧紧围绕现代图书馆用户教育的目标来确定用户教育内容。通常而言,所有对现代图书馆用户教育目标实现有利的内容,都可以作为现代图书馆用户教育的内容。不过,最终选择哪些教育内容,还要依据现代图书馆的现状以及用户的实际状况等来确定。

(二)针对性原则

针对性原则指的是各类型现代图书馆用户教育内容应根据其不同的教育对象来确定。受个人因素如文化教育水平、职业工作经验、外语水平、信息行为等的影响,用户的文献信息意识、文献信息的利用能力和利用效果都会有明显差别,因此用户教育的内容和方式方法不仅受一定时期科技发展水平的制约,还应根据用户的智力结构如知识结构、认识规律、思维习惯、理解能力等来设置。只有这样,现代图书馆用户教育才能收到较好的教育效果。

(三)计划性原则

计划性原则指的是现代图书馆用户教育是一项长期的工作,应按照国家、地区图书馆的实际需要和具体情况,根据不同用户的实际需求,制订相应的长期和短期用户培训计划,并且认真按照目标,有计划、有步骤地组织实施,根据工作效果及时反馈,调整工作措施和手段,提高用户教育的工作效率。

(四)系统性原则

系统性原则指的是现代图书馆用户教育内容应按涉及的图书馆学、文献学、目录学、情报学等知识固有的逻辑序列进行选材和组织,用户教育的内容不应是一些支离破碎、彼此孤立的知识的"堆积"。此外,在采用具体的教育教学方法时,要考虑循序渐进的要求,由浅入深,由易到难,从而使用户所得到的知识不断加深。

(五)普及性原则

普及性原则指的是现代图书馆在开展用户教育时,其范围应该是全体公民,要形成普及式的教育。而且,现代图书馆在开展具体教育活动时,应注意宣传,不但要对现实的用户进行教育,还应对潜在的用户进行教育,从而使全社会的信息素质都得到提高。

(六)灵活性原则

现代图书馆用户教育的方式多种多样,如个别辅导、集中培训、参观讲解、发放辅助资料等。采取什么样的方式,最终取决于读者的数量、文化程度、个人素质等个体差异以及现代图书馆信息部门教育的方便程度。在具体实施时,有时可以采用一种方式,也可以采用多种方式组合的形式进行用户教育。总之,现代图书馆在开展用户教育时,要灵活运用各种方法,以达到强化教育效果的目的。

(七)高效性原则

高效性原则指的是现代图书馆在开展用户教育时,要注意通过短期学习就能使图书馆用户得到益处,使他们在短时间内找到所需的文献情报资料,从而产生较好的效益。

二、现代图书馆用户教育的内容

现代图书馆在开展用户教育时,总体而言需要进行以下几个方面的教育。

(一)用户基础教育

在现代图书馆用户教育中,用户基础教育是一项不可或缺的内容。通常而言,现代图书馆用户基础教育应包括图书馆知识教育(图书馆的藏书特点、服务项目、目录体系、借阅手续、开放时间等)、文献情报源教育(各学科基本文献概况、基础文献和核心刊物、检索工具或系统等)、文献情报基础知识教育(情报、知识、文献、信息的本质等)、文献情报检索知识教育(书目检索、事实与数据检索等)、文献情报加工与科学交流教育(文摘的编写、文献的主题分析、引用文献的著录等)。

(二)用户素质教育

现代图书馆对用户进行素质教育的内容包括很多方面,如树立正确的价值观;塑造崇高的民族精神,培养对人类命运的关注和责任感;确立正确的挫折意识,在任何情况下都能够保持积极的心态;养成善于沟通的意识,学会与他人合作;改变思维方式,培养创新意识;等等。现代图书馆用户素质教育的目的可概括为"如何做人,如何处世,如何独立学习、思索和创新"。此外,现代图书馆用户素质教育涉及智力开发、阅读教育方面的内容。

(三)用户信息教育

现代图书馆在开展用户信息教育时,应包括信息意识教育、信息素养教育、信息技能教育、信息道德教育方面的内容。

三、现代图书馆用户教育的途径

现代图书馆在开展用户教育时,可以采取的途径有以下几个。

(一)导读

现代图书馆在利用导读这一途径开展用户教育时,最主要的工作是编制各种导读书目和馆藏文献书目,如编制社会科学研究动态、自然科学研究动态、特种文献收藏一览表;编制推荐书目向用户推荐、宣传、介绍,结合馆藏编制出专业必读书目、专业推荐书目等。

(二)授课

现代图书馆在利用授课这一途径开展用户教育时,需要在高校图书馆进行。它对于帮助用户系统掌握各类型文献信息资源的使用方法,获得检索书目文献的技巧、信息和有关知识,学会使用复杂的检索技术,选择最适合的信息检索工具,对所发现的信息正确评价和利用等都有重要意义。

(三)讲座

讲座也是现代图书馆开展用户教育的一个重要途径,而且现代图书馆面向用户举办的讲座可以涉及多方面内容,如阅读方面的讲座、学习技巧方面的讲座、图书馆软件利用方面的讲座、图书馆信息资源利用方面的讲座等。

(四)开发用户教育课件

当前,越来越多的图书馆倾向于将用户教育课程制作成课件放在网上供用户学习和使用。这使得现代图书馆用户教育可以不受时间、地点的限制,而且方便用户在空闲时间进行学习。

(五)开发网络教学系统

通过网络教学系统开展用户教育,也是现代图书馆积极尝试的一个途径。当前,我国图书馆应积极开发自己的网络教学系统,以便更好地开展用户教育。

第四章　图书馆全面质量管理

第一节　图书馆全面质量管理的一般原理

一、图书馆质量的含义

(一)质量的含义

人们对质量的理解和认识有一个逐渐演化的过程,可以说,质量的含义是随着生产力的发展、社会的进步逐步深化的。虽然人类追求质量圆满和完善的历史源远流长,但在生产力低下的历史时代,物资极度匮乏,人们渴望的主要是在产品数量上能够得到一定程度的满足,以维持生活的最基本需求。因此在那时,人们对质量的理解和认识主要是突出产品的数量,突出产品的存在。

随着商品经济的形成和发展,质量的概念开始正式形成,但受当时生产力水平的限制,人们对质量所下的定义仅仅是"符合规格、具备应有功能、便于使用"。此定义容易导致生产方偏向于对内部生产过程的控制,因而常常出现生产方认为质量好却不受顾客欢迎的现象。随着市场日益繁荣,产品竞争日趋激烈,生产企业为了能获得市场竞争的胜利,在市场上占有一席之地或提高其产品的市场占有率,就不能不想方设法满足顾客的实际需要,提高产品使用效果。因此,这时质量的定义开始以顾客为着眼点,"质量就是满足顾客需求"。质量不仅要符合规格和性能指标,还要考虑产品能否卖得出去;企业不仅要提供有价值的产品,而且要满足顾客的最大期望,为他们提供永久的利益。因此,质量的观念就演化为不断创新,倾听顾客的呼声,更多地了解顾客需要,开拓潜在市场,从而在战略高度这一广义角度赋予质量新的含义。

总之,根据广义的质量定义,质量存在于一切可以单独描述和考虑的事物(实体)中,质量影响到与其有关的各个方面,质量也应该造福于与其有关的各个方面。

从狭义的角度来说,质量就是产品和服务达到或超越用户期望的能力,是用户对产品和服务满足需求程度的度量。只要用户满意,产品和服务就是高质量的;用户不满意,再好的产品和服务也不能说质量高。

(二)图书馆质量的含义

根据上述质量的定义,我们可以看出,所谓图书馆的质量,就是指图书馆满足和超越读者需求和期望的能力,是读者对图书馆信息产品和信息服务满足自身需要能力的评价。具体来说,图书馆的质量具有以下内涵。

①图书馆的质量不仅包括有形的信息产品的质量,还包括无形的信息服务的质量。对于一般的生产型企业来说,质量往往指产品质量;对于一般的服务型企业来说,质量往往指服务质量。但是对于图书馆来说,既涉及信息产品质量,又涉及信息服务质量,这二者既有差别,又有联系。

②图书馆的质量不仅包括信息产品和信息服务,即生产和服务的结果,还包括使这些结果得以实现的全部活动和过程,即图书馆的组织结构与业务流程。

③图书馆不仅要满足外部用户的需要,还要满足社会的需要。与图书馆质量相关的人员包括读者、工作人员、管理者、图书馆的供方和社会。

二、图书馆全面质量管理的含义

(一)全面质量管理的内涵

全面质量管理产生于20世纪50年代,由美国质量管理专家戴明、朱兰、菲根堡姆等人倡导,但却首先在日本得以应用。20世纪80年代,随着日本成为世界经济舞台上的一支重要力量,全面质量管理开始在世界范围内大规模推广,我国也于1978年在工业企业中引进、推行全面质量管理,并在提高企业素质、增强国有企业的市场竞争力方面起到了重要作用。

全面质量管理是在传统质量管理的基础上,随着科学技术的发展和经营管理上的需要而发展起来的现代质量管理理论,已成为一门系统性很强的科学,在理论、方法、原则和技巧方面都不断得到充实和完善。

具体来说,全面质量管理的核心思想包括以下几个方面。

1.强烈关注顾客

全面质量管理注重顾客价值,它要求必须把"以顾客为中心"的思想贯穿到企业业务流程的管理中,不但要生产物美价廉的产品,而且要为顾客做好服务工作,最终让顾客放心、满意。

2.改进组织中每项工作的质量

全面质量管理所强调的质量不仅与最终产品和服务有关,而且与生产产品和提供服务的过程有关,如包括如何迅速地响应顾客的投诉、如何为客户提供更好的售后服务等。

3.精确地度量

全面质量管理采用统计方法测度组织作业中的每一个关键变量,然后与标准和基准相比较,发现问题,追踪问题的根源,从而达到消除问题、提高质量的目的。

(二)图书馆全面质量管理的含义

图书馆全面质量管理可以定义为:图书馆以质量为中心,以各部门、各层次和全体员工参与为基础,通过综合运用现代管理技术、专业技术、现代化设备,建立健全质量保证体系,对各个业务流程的设计和运行进行全面控制,做到以最经济的方式提供给用户最满意的信息产品与信息服务,使得读者、图书馆的全体员工和社会都受益,从而达到长期成功管理的目的。

图书馆全面质量管理的特征主要表现为:①强调质量第一;②强调读者第一;③强调全员管理;④强调预防为主;⑤强调内部用户。

三、图书馆全面质量管理的要素

(一)一个目标:持续改进

随着环境的变化、社会的发展,以及技术上的巨大突破,用户对图书馆的要求是不断变化的。因此,图书馆应建立一种适应机制,积极对外界环境的这种变化做出反应,增强图书馆的适应能力并提高竞争力,这种机制就是持续改进。

持续改进是图书馆增强满足用户要求的能力的循环活动,它通过不断改进图书馆质量确保用户满意,同时也向社会证明自身存在的价值。

(二)三个原则:关注用户、全员参与、协同合作

1.关注用户

图书馆应始终以用户为关注焦点,将理解和满足用户要求作为考虑和安排

一切工作的出发点。以用户为关注焦点,可建立起图书馆对用户的快速反应机制,增强用户的满意度和改进用户的忠诚度,并为图书馆带来更大的效益。

2.全员参与

图书馆的全面质量管理只有通过图书馆内各职能、各层次人员的充分参与,才能形成一个人人关心质量、人人为质量负责的良好环境,才能保证达到既定目标。

3.协同合作

尽管图书馆按职能的不同可以划分为若干部门,但各项业务之间却都存在直接或间接的关系。同时,任何一项业务也往往是由多名图书馆馆员共同承担的。因此,图书馆全面质量管理特别强调工作中的相互协调和配合,倡导不同部门或同一部门的图书馆馆员共同解决部门中或部门间存在的质量问题,做到共享责任和回报。

(三)三个支持要素:领导重视、加强培训、质量度量

1.领导重视

在图书馆管理过程中,来自图书馆馆长及其他管理者的支持对于全面质量管理的实施是非常重要的。朱兰发现:如果没有高层领导的支持和理解,即使员工知道如何把持续改进的概念应用于他们工作过程的分析中,改进也不可能普及。Guy St.Clair 也指出:质量改进应从最高层开始,如果高层管理者对质量管理没兴趣,甚至排斥它,那么即使图书馆馆员有良好的愿望和热情,承诺提供优质服务,(质量改进)也不会取得完全成功。此外,高层管理者若不重视全面质量管理,也会给其他人员对质量不负责提供借口。

2.加强培训

加强培训一方面会加深图书馆馆员对改进质量、为用户提供优质服务的理解和认识,为全面质量管理活动奠定思想基础;另一方面有助于图书馆馆员熟练掌握全面质量管理活动所需要的多种方法和技巧,为持续改进提供技术支持。

3.质量度量

度量是改进和持续改进的基础,只有明确图书馆存在的质量问题,才能寻求改进的入口和措施。作为以持续改进为目标的图书馆全面质量管理,不仅强调对信息产品和服务结果的评价,对业务流程的度量也被放到同等重要的位置,进而保证了整个图书馆质量的完美无缺。

四、图书馆全面质量管理的模型

(一)关注用户

图书馆的质量高低不是由图书馆自身说了算,关键是图书馆的信息产品与信息服务能否满足读者的需求。图书馆要通过各种途径明确读者信息需求的特点、内容、方式,并以此作为全面质量管理开展的基础。

(二)战略明确

实施全面质量管理的图书馆具有一个特点,即有明确的发展战略,了解自己努力的方向和目标。发展战略规定了图书馆未来的发展方向,决定着图书馆全体人员的工作准则和价值取向。由于图书馆的资源是有限的,因此如何界定自己的服务范围,如何由此合理配置图书馆的人力、物力和财力,最大限度地满足用户需求是图书馆需要重点考虑的问题。

另外需要明确的一点是,图书馆战略方向的选择与考虑必须以充分了解用户的需求为前提,脱离用户需求的战略是没有意义的。

(三)领导承诺

由于实施全面质量管理是一项长期、艰巨的任务,因此需要图书馆管理者的全力支持和承诺。图书馆管理者在全面质量管理中的作用主要体现在以下几个方面。

1.制定图书馆质量方针和目标

图书馆管理者应该从读者的需求入手,结合图书馆的实际力量和发展战略,确定质量方针。图书馆在制定自身的质量目标时,首先要明确图书馆的哪些部门中有哪些活动与信息产品和服务的质量有关,然后根据这些不同工作的性质,制定相应的质量目标。

2.贯彻图书馆质量方针和目标

质量方针和目标制定后,管理者就要通过多种途径,如全体员工大会、板报、网站等,向全馆员工明确表明自己的态度,增强员工的意识、积极性和参与程度,将方针和目标广泛深入地灌输于全体员工之中,力争全体员工能够正确理解、耳熟能详、牢记于心并将其转变为每个人的自觉行动,从而保证质量改进的实现。

3.确保整个组织关注用户需求

提高服务质量、满足用户期望是图书馆实施全面质量管理的目的。因此，图书馆管理者应通过各种途径在图书馆中强化"用户至上"观念，鼓励员工通过各种方式了解用户需求，发现图书馆服务中存在的问题和差距，并加以改进。

4.确保质量改进活动获得必要的资源

资源是图书馆通过实施全面质量管理而实现质量方针和目标的必要条件，包括人力资源、基础设施和工作环境等。由于图书馆全面质量管理要根据用户需求进行持续改进，因此资源源源不断地投入是必不可少的。图书馆管理者的职责之一就是保证图书馆质量改进获得相关的资源。

5.支持团队工作

在全面质量管理中，对管理者来说，很重要的一点就是为团队创造一个宽松、开放的环境，和团队成员建立起一种高度信任的关系，相信团队能处理好其工作中存在的问题。在团队成立初期，为了鼓励成员产生更多想法，管理者应尽量使合理化建议付诸实施。即使出现错误，也不要一味地批评、责备，而要让团队成员学会在错误中成长。

6.负责与学习标杆建立联系

向质量优异或在某一项或某些服务中具有突出特点的图书馆学习，是图书馆追求质量持续改进不可或缺的环节，而管理者就是在两者之间建立起联系的桥梁。

图书馆管理者应充分发挥自己声誉高、交际广、关系多的优势，帮助团队成员得到对方的协助与配合，从而为标杆学习铺平道路。

7.定期检查质量改进结果

在全面质量管理展开之后，图书馆管理者要定期检查质量活动执行的效果，从中了解改进的业绩和仍需努力的方向，从而更好地指导全面质量管理实践。

（四）建立质量委员会

建立质量委员会标志着图书馆全面质量管理活动进入运作阶段。质量委员会由来自图书馆各个部门的人员构成，其任务是：根据图书馆的发展战略和质量方针，展开全面的用户中调查，了解用户的需求和期望，发现图书馆存在的问题，并根据问题对用户影响的重要程度确定解决问题的先后次序。

具体来说，图书馆质量委员会可采用三种方法收集用户的反馈信息。

(1)正式的用户反馈机制。通过建议箱、意见箱、设置在服务点的意见簿、图书馆网站等获得用户对图书馆服务的反馈信息。此外,还可以利用自动化作业所产生的多种数据库来分析用户的兴趣和需求,如在读者使用联机目录、各类型网上数据库等数字信息资源的过程中,随机记录读者的检索途径、浏览范围、阅读习惯等;也可以依据预约借书的人数及借书排名的类别,分析用户的需要。

(2)日常反馈。指从图书馆馆员与用户的日常接触中获得关于用户满意程度的反馈信息,其中一线图书馆馆员是反馈信息的主要来源。

用户投诉是图书馆发现质量问题的重要来源,但是根据用户满意状况的研究,不满意的用户中只有5%左右的人会投诉。因此,图书馆应特别加强一线图书馆馆员与用户的积极沟通,在服务中发现用户的不满和问题,并采取措施加以解决。此外,图书馆还应通过一些方法,鼓励和引导用户投诉,如努力营造使用户有不满就抱怨的环境和氛围,使用户的抱怨变得简单方便;使用户从抱怨中得到奖赏,不但使其消除不满,还要为用户提供更大的满意度;等等。

(3)用户研究。用户研究是指通过有计划、系统的活动,收集用户对图书馆质量的评价。这是一种更为积极、主动获取用户反馈信息的方法。调查的内容通常包括用户对图书馆的印象、用户对图书馆服务质量的期望以及用户对图书馆实际服务质量的评价等。

用户研究的方法包括访问、座谈会、问卷调查等。相对而言,问卷调查更经济、更有效,也可以更全面、更充分地获得用户对图书馆满意度和期望的反馈信息。正因为如此,问卷调查已成为图书馆使用最广泛的一种收集用户反馈信息的方法。

质量委员会在利用上述各种方法了解到图书馆的质量差距之后,就要根据本馆的具体情况,确定着手改进的次序。如果各方面的条件都具备,图书馆可以同时在所有存在问题的部门全面开展质量改进活动。不过,对于刚引进全面质量管理的图书馆来说,从某一个或几个存在问题最严重的部门尝试性地开始,然后再以点带面也许是更明智的选择。当质量委员会确定了需要改进的领域后,就要成立质量改进团队。

(五)组建质量改进团队

质量改进团队的任务是解决已确定的质量问题,其一般由问题所在部门的人员组成,必要时也可吸纳其他部门的人员和用户参加。

在团队正式实施改进前,需要做好两项工作。

(1)培训。通过培训,除了强化团队成员的专业知识外,还应使其掌握如下技能:第一,实施全面质量管理必备的技能,包括激发思想和收集信息的工具(头脑风暴法、问卷调查、访问等)、达成共识的工具(标准评价表、投票等)、分析数据的工具(因果图、直方图、排列图等)和计划行动的工具(流程图等)。这些工具和技巧在分析问题、实施改进和评价结果中都非常有用。第二,处理用户关系的技能。这些知识和技巧有助于提高图书馆馆员解决用户问题的能力。

(2)授权。图书馆管理层要对团队充分授权,由团队全盘负责解决质量问题,包括进一步确认质量委员会指出的问题和发现新问题,分析整个业务流程寻找造成问题的原因,拟定对策解决问题,评估改进结果等。

(六)流程管理

质量改进团队的整个工作可以归结为业务流程管理,即通过正确的业务流程设计、执行和质量监控,达到使用户满意的目的。

1.业务流程设计

业务流程设计得合理与否,直接关系到结果的质量。团队在解决质量问题时,应针对用户需求和期望,重新考察业务流程,并对不合理的流程重新设计,包括调整流程前后环节的顺序,增加某些环节,或者删除某些不必要的环节。在重新设计业务流程时,应坚持以下六项原则。

(1)注重有助于改进业务流程的各种因素。团队在设计业务流程时,应当通过识别、确定业务运作所需要的合适资源,从根本上保证为用户提供满意服务的能力。

(2)在核心服务、助消服务和辅助服务之间保持平衡。图书馆的整个服务可以看作由核心服务、助消服务和辅助服务构成的一个基本服务组合。核心服务是图书馆为用户提供的最本质的服务,即信息服务。为了保证核心服务得以实现,图书馆还需要提供一些必不可少的助消服务,如办证服务、上架服务等。没有助消服务,核心服务是无法消费的。辅助服务则是为核心服务增加价值,同时也可以体现图书馆服务差异化的一类服务,如温馨伞服务、咖啡厅服务等。没有辅助服务不会影响核心服务的实现,但它可以作为提高图书馆整体服务质量的手段,有利于图书馆树立良好的形象

(3)细分用户。不同的用户群对同一服务的要求有所不同,因此团队在设计业务流程时,应对用户进行进一步细分,根据用户群的不同特点,设计出不同

的业务流程。比如大学新生在利用图书馆的数据库时,需要图书馆馆员对一些诸如选择数据库、确定检索途径等问题予以细致指导;而大学三年级和大学四年级的学生无须或只要简单指点即可。

(4)保持业务流程的一致性。如果图书馆在不同时间提供相同服务的质量不同,就会引起用户对图书馆服务质量的怀疑。这就要求团队制定明确、具体的服务标准,使不同的图书馆馆员或相同的图书馆馆员在不同时间都能按照统一的要求提供质量相同的服务。

(5)保持业务流程具有一定的灵活性。对于同一服务,不同的用户要求会有所差异。此外,在业务流程中,也常会出现一些意外情况。因此,在设计业务流程时,要保持一定的弹性,使图书馆馆员可以针对突发状况,采取灵活的处理方式,从而保证用户满意。

(6)根据用户需求和期望制定服务标准。在制造业,有各种各样的国际标准、国家标准和部颁标准可供企业参照。而在服务业,这种标准相对来说就少得多,主要由各服务机构自行设计为顾客提供的产品和服务的标准。这就要求图书馆在制定服务标准时,不能仅从自身利益出发,或仅凭主观想象,而必须考虑用户的实际需求和期望,保证标准的制定与用户的需求和期望相一致。但是,在制定服务标准时,图书馆也要处理好两个方面的关系。

①在流程投入与服务标准(承诺)之间寻求平衡。一般情况下,随着服务标准的提高,业务流程的投入也会增加。比如图书馆承诺借还书服务无须排队,这样确实可以最大限度地满足用户期望,但图书馆为此将要投入更多的人员和设备,服务成本显然过高。

②确保服务标准(承诺)与实际能力相匹配。服务承诺不仅影响到用户对图书馆服务质量的期望,而且对服务绩效也产生影响。因此,图书馆在制定服务质量标准时,必须注意服务承诺的可实现程度,建立的标准应是经过努力可以达到的。一般而言,用户希望图书馆能满足他们的期望,但更多时候,他们只要求图书馆能兑现承诺。尽管5个工作日的承诺与用户希望越快获得馆际互借资料越好的期望不一致,但只要图书馆确实做到了这一点,用户还是会对馆际互借服务感到满意的。但如果图书馆承诺3天内可以提供资料,而用户到第5天才拿到,他们就会不满意。所以,图书馆的承诺水平不能高于实际可达到的服务水平,实际提供的服务应与承诺的服务相一致。否则就会让用户失望,失去用户的信任,损害图书馆的服务形象。

2.业务流程执行

在执行业务的过程中,图书馆馆员常常由于以下原因造成行为与质量标准不符。

(1)图书馆馆员缺乏应有的培训和指导而导致无法胜任工作。

(2)由于质量标准存在模糊性,不同员工对质量标准的理解不一样。

(3)由于图书馆缺乏有效的激励与控制机制,员工存在偷懒的心理。

(4)员工职责不明确造成角色冲突,他们无法严格按照标准开展业务工作。

(5)由于缺少相应的技术支持,员工在执行业务中心有余而力不足。

因此,图书馆要根据上述可能存在的情况,采取相应的解决措施,保证图书馆馆员按标准作业。

3.质量监控

为了保证业务流程的正确执行,也要对用户行为进行管理,使他们能以积极、主动的态度支持与配合图书馆的各项工作。在业务流程执行的过程中,注意规范用户行为,加强对用户的咨询指导,做好质量监控。

开展全面质量管理,必须做好质量监控工作,评价质量管理的有效性,以及全面质量管理实施后现代图书馆信息产品和信息服务质量的提高程度。其目的是通过质量评估,及时发现问题,不断改进质量,并通过采取相应措施防止问题再次发生。

(七)标杆学习

图书馆在实施全面质量管理时,不能只是把目光放在内部,而要放眼全局,特别注重向同行中的佼佼者和"翘楚"(标杆)看齐。通过比较,看清自己与其他馆在质量上的差距;通过学习,改进自己的业务流程和方法。

在进行标杆学习时,图书馆应遵循下述步骤。

(1)确定要改进的业务。图书馆首先应明确需要改进的业务及其流程,清楚用户对该项业务的要求和看法,然后寻找在这个项目上有良好口碑的图书馆。

(2)选定学习标杆。在选择学习标杆时,可根据媒体报道、专业协会或同行推荐、用户反馈等途径确定几个图书馆作为候选对象。经过进一步收集、分析有关这些图书馆的信息,结合本馆实际,确定最后作为标杆的图书馆。

(3)与学习标杆建立联系。在确定学习目标之后,图书馆应通过电话、函件等方式与对方联系,把自己的意图以及实地考察时需要对方协助进行的有关事宜清楚告知对方。如果对方同意,即可商定访问的具体时间。在这一过程中,图书馆领导者的参与将有助于事情的顺利进行。

(4)实地访问学习标杆。实地访问是标杆学习中最重要的环节,有关业务改进的大部分信息都要据此获得。访问人员可以通过与标杆图书馆中有关人员的座谈,了解他们开展业务的经验,不过最有效的方式是深入现场,亲身体验业务执行的全过程。

(5)分析、总结标杆图书馆的经验。

(6)采取改进行动。标杆学习的最终目标是采取改进行动。在这一阶段,质量团队要利用标杆学习得来的经验重整现有的业务流程,从而提高业务质量,增强用户满意度。

从明确发展战略到领导承诺,从建立质量委员会到组成质量改进团队,经过流程管理和标杆学习,构成了现代图书馆全面质量管理的一个完整过程。在这一过程中,关注用户贯穿于每一环节,指导和规定每一步的方向;持续改进则源源不断地把用户需求和期望转化为具体的行动力,保证图书馆这个有机体长盛不衰。

第二节 全面质量管理在图书馆工作中的应用

一、全面质量管理在编目工作中的应用

(一)编目工作中实施全面质量管理的实质

1.了解目录用户需求

目录是图书馆最重要的产品之一。图书馆一方面通过不断更新来改进它;另一方面,不断提高它的查找能力和内容含量。为了收集用户对目录的反映和建议,了解他们的需求,从而不断提高目录的质量,图书馆可以采用目录利用研究或我们前面提到过的各种获取用户反馈信息的方法。

(1)目录利用研究。目录利用研究是图书馆获得用户对目录评价的一种有效方法,这里我们以美国"图书馆资源委员会"(Council on Library Resources, CLR)在美国31个图书馆开展的联机目录用户和非用户研究为例进行说明。

该项研究的目标有三个:①收集数据,进行分析,为公共联机目录的设计者提供改进联机目录系统界面的依据;②收集数据,进行分析,帮助图书馆改进公共联机目录的运行和支持服务;③收集数据,帮助图书馆扩大利用公共联机目录的用户范围。这项研究列出了用户对联机目录的期望,如建立一部反映图书馆所有馆藏(包括旧资料和新资料)的目录。得益于这项研究,联机公共目录检索系统(Online Public Access Catalog, OPAC)的设计者和创造者已在 OPAC 中引进了许多新特点,改进了目录的原有缺陷,从而使 OPAC 能更好地满足用户的需求。此外,研究还发现了人们不利用 OPAC 的原因,如缺乏培训、不知道联机目录等。根据研究的结果,图书馆不仅消除了人们利用 OPAC 的障碍,还积极创造各种有利条件,促使人们利用 OPAC,最终达到充分、有效地利用图书馆馆藏的目的。

除了目录利用研究外,图书馆还可以采用其他方法获得有关 OPAC 用户需求的信息。下面的(2)(3)两条是比较有效的方法。

(2)与用户互动。对那些无法从事目录利用研究的图书馆来说,通过与用户个人或用户群体的多渠道交流来获取用户对目录的看法,也是一种行之有效的办法。由于图书馆参考咨询人员与用户的直接接触更多,因此,应通过他们收集用户对目录的反馈信息,或由他们负责进行一些关于书目方面的调查,然

后将这些意见反馈给编目部门。这种方法对于那些曾进行过目录利用研究,又希望进行后续常规研究的图书馆具有同样重要的作用。因为图书馆可以据此了解到用户对改进后目录的反应。

在电子环境中,编目人员负有在用户和已编目的资料之间建立用户界面的责任。用户在存取电子信息资源时,需要一定的指导。作为电子信息资源的组织者,编目人员能更好地履行这一职责。通过这一界面,编目人员将有机会获取用户在使用目录过程中遇到的问题的第一手资料,从而帮助他们采取必要的步骤和措施解决这些问题。

(3)建立抱怨、建议系统。图书馆获得用户对目录反馈信息的第三种方法是建立抱怨、建议系统。据"美国消费者事务局"(US Office of Consumer Affairs)的研究,平均每1条抱怨代表其他27个未抱怨的人的看法。因此,对图书馆来说,利用建议和抱怨系统追踪用户对目录工作的意见和看法非常重要。在追踪抱怨时,又可采用两种方法:一是在OPAC服务区设置抱怨、建议箱;二是将电子邮件增列为OPAC的一项功能,这种方法在网络环境下使用起来更为方便。

2.改进目录,满足用户需求

上面我们讨论了如何确定目录用户的需求,这里我们将探讨利用全面质量管理的其他工具来改进目录工作,从而满足用户的需求。

只有当图书馆对其关键业务的作业过程有清楚、全面的分析和认识时,才可能改进服务质量。这就是全面质量管理强调在过程中寻找问题,而不是把一切错误都归咎于员工的原因。因此,为了改进编目工作,就应该从分析编目过程开始,通过在过程中发现问题、解决问题,最终达到提高编目工作质量的目的。

在分析编目过程时,需要考虑以下两点。

(1)从用户角度分析编目过程中各个环节的必要性和重要性。对整个编目过程进行考察,看是否存在一些对用户来说完全不必要或不重要的环节。比如,在图书馆传统作业中,不能及时对到馆资料进行编目,是因为首先要进行登录。但对用户来说,一本书是否登录与他们没有任何关系,他们所希望的是尽快在架上获得所需要的图书。正因为如此,许多图书馆取消了登录图书的作业。对整个编目过程进行考察的第二个目的,是要确定能否消除编目过程中由于资源不合理利用而造成的浪费现象。全面质量管理强调在不降低生产率和效率的情况下,通过最合理的过程设计和资源投入消除过程中存在的任何浪费。

(2)编目过程中是否存在由于某一环节资源投入不足而给整个过程的顺利进行造成困难的情况。比如,由于缺少相应的主题标引专家为高技术报告编制文摘而减慢整个过程的作业速度,并使书目记录的质量降低。在这种情况下,就要考虑是否需要得到其他部门主题标引专家的帮助,或停止编制文摘。通过对编目过程进行重新考察和组织后,就要具体利用全面质量管理工具实施改进。

(二)全面质量管理在编目工作中的应用

1.过程集成

长期以来,图书馆各个业务部门的运作基本上处于一种相对独立、封闭的状态,部门之间存在明确的界限。这种状况往往造成不同部门为了不同目的却执行相同业务过程的现象。鉴于此,许多图书馆将两个过程合并为一个,放在技术服务部。这样,就可以同时满足采访工作和编目工作的需要。

2.跨部门协调和合作

随着图书馆面对的困难和机会日趋复杂,跨越传统的部门界限进行合作就显得至关重要。参考人员与用户有更多直接接触的机会,他们比较容易获得用户查找OPAC的有关问题和改进建议的第一手资料。因此,编目部门应与参考部门密切合作,特别在准备和执行有关OPAC计划时,这种合作更为必要。事实上,有些图书馆已采取了积极行动,如美国Trinity University图书馆成立了一个"编目、参考委员会",专门负责解决书目、资料存取中的有关问题。该委员会还制定了一项声明,明确规定各种类型图书馆馆藏的书目控制。这种合作不但使图书馆为用户提供了更好的服务,而且增强了图书馆馆员的责任感和主人翁精神。

编目人员与采访、参考部门主题专家的合作也有利于目录质量的提高。主题专家可以帮助编目人员分析他们所不擅长的某些主题领域,从而改进主题编目的质量。

3.编目外包

编目外包是编目过程重新设计的结果。现在,外包编目已成为图书馆界的普遍现象,特别是在进行目录的回溯性转换和权威文档控制时,外包更为普遍。专门从事外包编目的组织,如OCLC、Blackwell、North America、Saztec and

Carrollton Press 等都以提供外包服务而著称。我国也有很多公司为图书馆提供编目外包服务。图书馆之所以要外包编目,目的有两个:一是尽快完成作业;二是拥有质量更高的数据库。如果由图书馆自己完成这项工作,可能会由于种种原因如人手不足、效率低等造成现有目录编制的"积压"。

美国莱特州立大学(Wright State University)图书馆在本馆人力无法按期望的效率完成编目工作的情况下,从 1993 年开始将编目业务完全外包,委托 OCLC 的 TECHPRO 服务系统来处理,其中包含原始编目、美国国会图书馆及国家医学图书馆书目的套录编目,以及书标粘贴等加工程序。OCLC 每年为该馆处理 2 万多本各种形态的出版物。该馆馆藏目录的权威控制则由 Blackwell、North America 公司负责。经过 4 个月的测试,莱特州立大学图书馆估计,以外包方式处理编目作业,每年可省 70% 的编目费用,编目的成本由原来在馆内编目的 17.7 美元/本,减至 5.6 美元/本。外包后,编目的业务仅由 1 名员工承担,负责与 OCLC 签约、进行书目控制及验收等。由于编目作业的外包,该馆每年可节省资金 10 万多美元,工作的效率高于馆内处理的两倍以上。

对图书馆来说,编目是一项成本高、速度慢的工作,因此,在专业编目机构可以更有效率地提供更高质量的目录,更好地满足用户期望的情况下,图书馆有必要对传统的编目工作和过程进行重新设计。美国夏威夷州公共图书馆系统(Hawaii State Public Library System)在外包方面迈出了更大一步,它们与 Baker and Taylor 公司签订了外包合同,外包业务的范围从馆藏管理、技术服务、采访、处理、编目,到向全州 49 家公共图书馆分发目录。

4.员工培训和教育

全面质量管理的内容之一是培训,图书馆应拨出一部分资金用于员工培训。在进行培训时,可根据具体情况采取不同方式。

(1)继续教育。鼓励编目人员拓展职业视野,了解并接受编目中出现的新概念、新趋势,如 SGML、格式集成、外包编目等。这可以通过举办讲座,召开专题讨论会、学术研讨会等形式进行。此外,Internet 上也开设了许多专业论坛,为参加者提供课程教材和指导资料。

(2)在职培训。对于新的编目人员,要进行在职培训,使他们尽快掌握编目工作的要领和技巧。在职培训也可采用多种形式。

①以老带新。由有经验的编目人员亲自传授有关创建书目记录、权威记录、文档维护等方面的知识。

②从基础做起。从一些最基本的工作做起,如输入记录、拷贝记录、文档维

护等。当已具备一定的知识,有一定的熟练度,并具有认识问题的能力时,可以在有经验的编目人员的指导下,开始原始编目工作。

③在培训期间,应对新编目人员的进展情况加以记录,并定期与他们交流,以便及时纠正存在的问题或缺点。

(3)网络内部培训。一般来说,这种培训由大型图书馆或网络组织,如OCLC、RLIN、WLN 以及一些国家项目组织,如 Name Authority Cooperative(NACO)Project of the Library of Congress 主办,对成员馆或一些小型图书馆的人员进行培训。内部培训要达到三个目的:提高成员馆向网络数据库输入的记录的质量;成员馆的编目人员获得有关最新的国家编目和输入标准的知识;提高编目人员对他们工作的信任感。

5.测量和改进工具

全面质量管理以对作业过程的系统考察为中心,其目标是确认造成问题的根本原因,进而改进过程。

在改进编目过程中,一种有效的工具是流程图。利用流程图可以把编目的每一环节按先后顺序清楚地描述出来。这样,当编目工作出现问题时,就可以借助流程图考察现行操作,并通过调整、修改编目步骤的先后次序,使问题最终得以解决。

二、全面质量管理在采访工作中的应用

采访工作质量改进团队的改进活动可以归结为六个步骤:确定要解决的问题、分析问题、提出解决办法、制订实施方案、实施、评价。

(一)确定要解决的问题

在实施全面质量管理时,团队首先要做的工作就是找出当前最迫切需要解决的问题。具体来说,可分为三步进行。

1.确认问题

如团队成员根据用户调查和图书馆分编部门、流通部门员工的反映,发现文献订重是采访工作中存在的一个大问题,尤其在当前图书馆购书经费有限的情况下,重复订购无疑造成了资源的大量浪费。因此,团队决定把文献订重作为采访工作中的首要问题加以解决。

2.描述问题

问题确认后,就应用事实和数据说明问题。如果问题无法量化,也应该清

楚地定性描述。如团队经过统计后发现,文献订重率比较高。

3.阐明期望的结果

除了说明问题外,团队还应对改进后的结果加以陈述,以此作为团队追求的目标。如结合采访部的实际情况,团队将改进的目标定为"将文献订重率降低80%"等。

(二)分析问题

在这一阶段,团队需要检查采访工作过程,找出造成文献订重的原因。

(三)提出解决办法

在查明问题的原因后,团队成员就要利用头脑风暴法提出多种解决办法,并讨论这些解决办法的可行性,最终以系统图的形式将解决办法条理化、系统化。

(四)制订实施方案

在已经提出的解决办法的基础上,团队要制订实施方案。方案需要说明:问题的来源、造成问题的原因、解决办法(对策)、负责解决问题的人员、完成期限。

(五)实施

方案制订后,团队成员即可按照安排分头行动。在方案实施期间,团队成员要密切注意出现的变化,若发现有不妥之处,或出现了新情况,团队就要对方案及时进行修改。

(六)评价

实施告一段落后,团队就要收集、统计、分析有关改进结果的数据,并将之与事先拟定的"期望结果"进行比较,从而确定是否已达到既定目标。如果没有,团队就要重新开始这一过程,或回到这一过程的某个步骤上去;如果目标已经达到,团队就要设定新的目标,力争将文献的订重率进一步减小。此外,团队还要密切注意在解决文献订重问题的过程中,可能造成的新问题。

至此,一个质量改进过程就结束了,团队可以开始下一个问题的解决过程。

三、图书馆技术服务中全面质量管理的可行方式

(一)外包(Outsourcing)

外包处理一方面可以减少图书馆人力、物力和财力的投入,使图书馆将相应的资源用于其他方面,更好地满足用户需求和提高用户的满意度;另一方面,外包商的高度专业化、标准化也会使信息产品和服务的质量更高,前面讲到的美国莱特州立大学图书馆编目外包的例子就充分说明了这一点。因此,图书馆技术服务部门在实施全面质量管理时,应充分考虑到外包处理给业务带来的优势,积极利用这一方法提高工作质量。

除了编目业务的外包外,技术服务的其他方面也可以进行一定程度的外包。如在采访作业中,以阅选订购(approval plan)和长期订购(standing order)等方式采购图书、期刊,或采用 Ebsco 期刊代理商的 Ebsco Jet 期刊服务,都颇具外包的特性,既可节省图书期刊在馆内的处理时间,又可提高工作效率。

(二)电子数据交换(Electronic Data Interchange,EDI)

采购部门采用电子数据交换的目的,除了用来取代纸张文件传递资料外,更为重要的是可以将顾客的采购系统与供应商的订单系统联结起来,这不仅节约成本,减少重复输入信息,而且可以改善内部工作流程。图书馆技术服务工作需要处理与书商、出版商、书目中心等的各类交易文件表单,最适合应用电子数据交换作业。国外的图书馆界在电子数据交换方面的应用,包括书籍与期刊等的制作、采购、配送,参与的对象有出版商、配送者、代理商、经销商等。美国 Bowker 公司近些年来也开始应用电子数据交换技术提供 Bowker Power 智慧型的数据库服务。出版社可以经由电子数据交换方式将最新出版图书的资料自动转录至 Bowker 公司的 Books in Print 网上的数据库里。而 Books in Print 数据库也可对特定的图书馆提供专题通告服务,将新书目录直接转送至该馆的电脑里。

(三)技术服务与读者服务部门的业务整合

将技术服务与读者服务进行整合,提供以用户为导向的整体性信息服务,将更有助于满足用户的需求和期望。

美国威斯康星州立大学麦迪逊校区图书馆在 1989 年进行部门重组,将该

馆技术服务部门与5个学科群合并,采用学科划分方式,将技术服务分为人文、区域研究、社会科学、科学4组。每一学科组负责完整的技术服务,包括选书、原始编目、书刊查询、订购、验收、付款、套录编目、目录编辑等全部工作。改组后的图书馆馆员工作更具弹性、更有效率;同时,与书刊订购、验收、编目、OPAC、选书作业的整合,也使员工工作更有整体感。若再将按学科划分技术服务任务的方式与读者服务进行整合,相信可以取得更好的效果。

全面质量管理已经历了40多年的发展历程,在我国工业企业中的应用也有20多年的历史,但对我国图书馆界来说,全面质量管理还是一个新生事物。如何将全面质量管理应用于图书馆,使之与图书馆的环境相融合,还需要一个磨合过程,需要在思想、观念、人力、资源、技术等方面做出一定的调整和转变,需要图书馆界携起手来共同努力。

第五章　图书馆目标管理和战略管理

第一节　图书馆目标管理

一、图书馆目标管理概述

（一）目标管理的过程

图书馆目标管理是根据图书馆的任务把制定的目标具体落实到图书馆的每个部门、每个环节和每个人，并通过执行、控制、检查和验收等过程实现预期目的，达到最佳效益。

图书馆实施目标管理，要先制定实施目标管理的原则，统一全馆职工的思想，制定保障目标管理实施的一系列规章制度，对管理的岗位和人员进行调查分析。

1.目标设置

目标管理以目标设置为出发点。目标设置得当，则目标实施过程的管理以及目标实施结果的测量与评估就比较容易。

2.目标实施

目标设置后，接着是对目标实施过程进行管理。这一过程的管理应尽量让完成目标的人自己管理自己，这样做有利于调动目标完成者的积极性和独创性，充分发挥他们的能力。

3.目标评估

目标完成之后，必须加以测量和评估。原先设置的目标越具体，测量就越容易、越准确。目标完成结果的测量，原则上由目标完成者自己进行。评估的重点是目标完成者对测量结果的自我反省、自我启发，而不是对评估结果的赏罚。

(二)制定图书馆目标管理的原则

图书馆实行目标管理就是要扬目标管理之长,避其他管理方法之短。所以在实施之初就要有明确的指导思想,制定一定的实施原则。

1.整体性原则

应把图书馆的总目标看作一个有机整体、一项系统工程,馆内每个人的工作内容不同,但努力方向是一致的,都是以自己的工作业绩为总目标的实现尽一份职责。目标管理要求人人具有全局意识,在明确图书馆奋斗目标的前提下,脚踏实地地恪守自己的职责。

2.民主性原则

图书馆的总目标和各子目标是通过集思广益、充分酝酿后形成的一个更能体现全馆职工集体意志和主人翁意识的目标体系。

3.协作性原则

总目标与子目标、子目标与子目标之间并不是彼此孤立存在的,要使整个图书馆的工作体现出最高效率,最大限度地合理使用人、财、物等资源,就必须强调馆内各部门和目标执行者之间加强沟通和联系,及时修改和调整不利于总目标实现的有关子目标。

(三)图书馆实行目标管理应当注意的问题

1.统一思想,保持职工的工作热情

"以人为本"是严格管理的思想基础,是完成目标任务的原动力。作为图书馆领导,不仅要善于宣传,让职工理解目标管理的意义,还应真正关心职工、爱护职工,本着实事求是的精神,尽一切所能满足他们合理的、正当的需求。

2.职能部门的考察

实施图书馆目标管理,在制定目标之前需要对图书馆的各个部门进行考察,充分了解各个部门的工作范围、人员素质等,以便调整机构,合理分配资源,保证目标的顺利实现。

3.人员的考察

实施目标之前,应对图书馆人员进行了解、分析,对其学历、专业、职称、工作能力、工作态度等认真考虑,对各部室的人员要根据所要达到的目标进行合理的配置,本着精简机构、节约用人、提高工作效率的要求,规定各部室的人员

数量及人员素质要求。

二、图书馆目标管理的实施

(一)确定目标体系

图书馆实施目标管理需把握三个重要环节,即目标的制定、目标的实现和目标结果的检验。

目标管理是以制定目标开始的,它包括制定图书馆总目标,以及根据总目标自上而下各自制定部门目标和个人目标,并借此来统筹、协调图书馆各部门、各岗位人员之间的工作,形成一个围绕图书馆方针任务组成的逐层深入、具体展开的高效率的连锁体系。

图书馆的总目标是一定时期内全馆各项工作和全体职工的奋斗方向,是管理工作的目的,是对图书馆整体工作的要求和规范。在制定图书馆总目标时,要认真研究图书馆发展的现状和趋势,结合本地区及本系统的社会环境,经济发展趋势,本馆人力、物力的实际,明确现阶段本馆服务对象的特点和要求,并依此来制定本馆长、近期所要完成的任务和达到的目的。

图书馆的机构应当依据这些目标设置,对各业务部门、各工作人员工作任务的布置也应当根据这些总目标确定。图书馆的总目标和具体目标是互相联系、互相支持、互为因果的,所以在制定具体目标前,必须先确定图书馆管理的总目标和阶段目标。

部门目标是指图书馆各业务部门或业务工作中具有相对独立性的部分成套业务流程,是图书馆目标管理中的一个个既互相联系又相对独立的系统。制定部门管理目标,就是根据各部门的工作任务及其业务流程中的内在联系,把上一级目标细分化,把保证措施具体化。在确定个人目标时,必须弄清楚其层次性和相互之间的区别与联系。

目标体系针对的对象一般包括管理者、部门和个人三大类。在目标管理的实际实施中,这三类目标针对的对象在进行达标努力时,往往既是目标的承受者,也是目标的下达者,常常存在相互交叉的关系。因此在按目标体系逐层制定具体目标时,要区分下达的目标中哪些是必须达到的工作任务要求,哪些是为达到工作任务要求须采用的技术手段和工作方式,或为取得更好的工作效益制定的局部工作规范和管理措施。

(二)确定参照系

管理目标参照系,就是管理体系中表述目标内容、目标要求和目标承受对象所应具备的条件之间的关系的一个基本结构框架。这个结构要规定管理目标的类别、各个类别的含义、业务流程中各环节的任务与要求,以及目标承受者应有的环境、设备、业务能力、专业素质、技术职称等对应方式,它是编制管理目标的一个对照尺度。

目前在图书馆管理的诸多方式中,在确定管理标准的基础时大致有两种情况:一种是不分具体情况以及业务特点严格采用坐班制,要求全体工作人员在规定的上班时间内必须在岗,在上班时间内必须从事业务工作,主要保证措施是考勤奖惩制度;另一种是分解量化业务工作,要求工作人员在规定的时间内必须完成一定的工作量,通过积分制评价职工在考核期内业绩的优劣。

构建适用图书馆的管理目标参照系,是图书馆目标管理研究和实践的一项重要任务,需要从实际出发,认真学习引进现代管理科学的理论和方法,吸取图书馆原有各种管理方式的长处,克服弊端,通过反复研究实验,逐步使其成熟完善。

(三)具体制定目标

管理目标参照系确定之后,就要给每个具体目标划分达标管理的层次,也就是确定业务工作内容与管理要求的对应关系,这是编制管理目标最基本的工作。其较为简单明了的方法是制定业务工作内容和管理要求的"达标管理细目表"。所谓"达标管理细目表",一般是把业务工作内容作为"纵轴",把管理要求作为"横轴",然后根据每项具体业务工作内容在整个业务流程中的相对重要程度和目标对象的能力、素质等条件,确定某个具体目标应达到哪一级管理要求。一般包括以下几个方面。

(1)谁来完成这一行为,即行为的主体是谁。管理目标描述的应是目标执行者的行为,而绝非管理者的行为。

(2)可评价的实际行为,即工作人员要做什么,也就是目标的行为内容。

(3)完成行为的适当环境或条件,即用多少时间或在何种条件下完成该行为。

(4)实现行为的结果,既要满足读者的借阅、咨询要求,还要保证开馆时间或其他结果。

(5)评价行为结果的标准,即做到什么程度才算达到数量、质量水平标准。在按上述要素表述管理目标时,语言要简洁、明确,要求要具体、恰当。一方面切忌使用空洞笼统的字眼,如对流通部门的要求不应是"热情服务,方便读者",而应是"本学期将拒借率由原来的30%降到20%";对情报咨询部门的要求不应是"积极解答读者咨询,效果良好",而应是"咨询准确率达到90%以上";等等。另一方面,要力争排除用非工作人员一方努力就能实现的目标做考核结果,如对阅览室要求的"月借阅不低于多少人次",或对流通部要求的"月借出图书多少册以上"等。

以上五个方面是目标行为者和管理者对目标行为执行和考核评价的依据,在表述管理目标中不可或缺。

(四)根据实际情况修改目标

管理目标编制出来后,就要考虑其是否全部覆盖了管理要求,水平层次分类是否合理,目标表述是否准确。对没有考虑到或考虑不全面的问题以及不恰当的地方应加以修改,使之成为科学的目标体系。另外,编制管理目标只是反映图书馆领导的一种预测和计划,工作过程中的各种因素是处于不断发展变化之中的,因此领导者在管理过程中应该善于依据工作中的发展变化及时对管理目标做出适当的调整,为更好地实现目标做好准备,使图书馆的目标管理真正成为一种有利于图书馆事业发展的、科学的、行之有效的管理方式。

(五)目标的具体实施

1.自主管理,加强帮助

当各级目标责任书签好后,大家就可开始计划达标。馆员在工作中遇到问题时,馆领导要及时帮助馆员解决工作中的问题,同时搜集好的做法,及时推广。

2.制定文件,保障达标

如果要实现目标管理中制定的各项任务,就必须建立健全一套系统、完整、科学、实用的规章规范来确保图书馆各项工作的运转。从图书馆管理的对象来看,是人、财、物、时间等;从管理的范围来看,包括行政和业务两个方面。财产的配置、物品的运用、人员的调配、时间的安排等,都需要有一套完整的监督、调控的方法和手段。为确保图书馆的人、财、物、时间等诸管理要素符合图书馆运转的轨道,就必须执行严格的规章制度。

科学、系统、实用的规章制度是目标实现的有力保障,各行各业都十分注重对它的制定。制度规范的制定不但要系统全面,还要从本馆的实际出发,合情合理,便于操作和监督。

3.检验目标结果

检验目标结果是目标管理的最后阶段,又称验收阶段。

在这一过程中,对于定标时已量化管理的岗位,其工作成果可用定量分析和品质管理来检验,看其是否实现了目标管理所要求的数量和质量,即是否完成了目标。对于不能量化管理的岗位,如文献采访、参考咨询、现刊阅览等工作,其岗位目标完成情况可用品质管理来检验,对于完成得好的,可给予一定的精神和物质奖励,在评选先进、评聘技术职务时应优先考虑,在奖金分配方面要体现出差别。馆领导可组织大家边总结经验教训,边制定下一循环目标管理的各级目标,即开始启动新一轮的目标管理。

三、图书馆岗位责任制

20世纪80年代开始,岗位责任制被逐步引入,并得到广泛应用,成为我国图书馆管理中运用最普遍的理论方法。这一方法通过目标的分解与岗位责任制,使各部主任和工作人员都了解各自的具体任务和目标,把办馆的目的和要完成的任务转化为具体目标。这样岗位责任制和目标管理有机结合起来,图书馆各项工作就能较顺利达到预定的目标。

(一)图书馆岗位责任制的内容

岗位责任制按系统化要求、量化要求、技能要求、可行性要求、激励性要求,包括以下几个方面的内容。

1.岗位设定

合理设定岗位,是一种科学的分工过程。每个图书馆都要科学地规定出应设多少个岗位,每个岗位的名称是什么。岗位设定要以工作量为依据,大型图书馆岗位可以细分。岗位设定要科学合理,要以岗设人,而不要以人设岗。为保证设岗的科学性、合理性、系统性,必须制定设岗原则。

2.岗位职责

要全面具体规定每一个岗位的职责要求、工作范围、工作责任,使每一个岗位分工明确,职责清楚,充分体现岗位与岗位间的个性差别和工作内容差别。

3.岗位能力

这里是指胜任本岗位工作所必须具备的能力和水平。这种业务知识和技能水平,要根据本岗位的工作实际做出规定。如图书采访岗位,必须规定在岗人员要掌握出版知识、书目知识、采购方式、分编知识、藏书建设理论;图书外借岗位,必须规定在岗人员掌握图书分类知识、读者工作理论、馆藏图书等知识。通用性知识,如图书分类知识、图书著录知识,一般也要规定各岗位人员掌握,但不能像图书采访岗位、图书外借岗位那样要求掌握得那么全面,粗略地规定和掌握就可以了。另外,岗位对计算机操作技能和维护保养知识也要做出相应的规定。

4.岗位要求

这里主要是指岗位目标、标准及规范等。这是岗位责任制的具体实施部分,主要包括三个方面的内容。

(1)量化内容。各项工作凡是能量化的在这里都做出量化指标。如图书分类岗位,规定每天分类图书的种数;参考咨询岗位,规定每天接待咨询课题的数量,或全年接待咨询课题的总量。

(2)质量标准。规定完成工作的执行标准,使所做的工作达到国家规定标准。另外,还要规定工作中的误差率,如图书分类、图书著录、目录排列、图书排列等都要规定相应的误差率。

(3)硬性目标。凡是不能量化的工作,都要规定完成工作任务的具体目标、程度、时间进度、具体要求。

(二)图书馆岗位责任制的实施

1.广泛宣传,深入动员,提高认识,统一思想

实行岗位责任制是图书馆科学管理工作中的一项重要改革,要做好这项工作,首先必须在领导班子中提高认识,统一思想。其次要多次召开相关会议,广泛发动群众,学习有关文件,让群众明确实行岗位责任制的目的和意义。

2.进行机构调整,馆长聘任部主任

馆领导应对原有的机构进行分析,并根据工作需要进行调整,其目的是精兵简政,不设多余的机构。然后考核,聘任各部室主任,实现能者上庸者下。

3.拟定草案,实行"四定"

在实行岗位责任制前,要充分酝酿,做好准备工作,如参观考察,积累资料,根据各部门工作性质、近几年的业务统计,吸收兄弟院校图书馆的先进经验,认

真研究,拟定出"定编、定岗、定量、定责"及配套的内部体制改革草案,再由群众反复讨论。由上至下、由下至上,经过多次修改初步确定。

4.实行聘任

聘任要按照公平、公开、公正的原则进行。首先公开所设岗位及各岗位的责、权、利及其要求,让大家自觉自愿填报志愿;其次由图书馆目标管理委员会根据填报志愿和应聘条件进行聘任,并签订聘任书。

5.对落聘人员馆内尽力安排和调配

对个别表现差而且对工作起阻碍作用者,本着宁缺毋滥的原则,应坚决将其调离图书馆,送主管部门人才交流中心待分配。

6.制定一系列相应的规章制度

如制定《本馆职工聘用办法》《工作人员考核奖励办法》《奖罚办法》等配套改革方案,对各部门的工作既有质的规定又有量的要求,既有业务指标又有经济指标。凡是能够记录工作量的,都规定具体工作量。

7.岗位考评及奖惩

岗位考评是岗位责任制实施的重要一环,它决定着实施的成败。岗位考评分平时考评和年终考评两种。平时考评由部门或班组进行,检查每天、每月的工作进度及工作质量,每季度写出一次评语。年终考评由馆内统一组织,成立由领导、专家、骨干组成的考评小组。

第二节　图书馆战略管理

一、图书馆战略管理的条件分析

(一)图书馆的内部条件

关于图书馆在信息社会的优势和劣势,近年来有很多讨论,基本上有两种观点,一种认为图书馆在信息社会中占有优势,另一种认为图书馆在信息社会中处于劣势。经过考察,我们觉得这两种观点往往是从最表面的东西出发,而对深层次的探讨不足。在此,我们先从介绍这两种观点入手,继续从战略管理的角度讨论图书馆的竞争实力问题。

1.图书馆的优势分析

(1)图书馆的公益性

图书馆作为一个公益性的社会文化机构,代表着一种维护社会信息公平的制度。这正是图书馆区别于其他信息机构的根本性质,也是图书馆在促进和谐社会发展中的根本优势之所在。

(2)丰富的文献信息资源

图书馆的社会职能之一是保存文化遗产。经过多年的发展与积累,图书馆文献信息资源已由单一的印刷型向印刷型、缩微型、音像型、电子型等多媒体并存的方向发展,形成一个全方位多功能的信息保障体系,并以新的资源优势服务于社会。另外,现代信息技术推动着图书馆信息资源共建共享实践的发展,这更加丰富了图书馆的信息资源。

(3)人力资源优势

图书馆拥有一支稳定的、庞大的具有信息开发能力的工作人员队伍,为图书馆的发展做出了不可磨灭的贡献。

(4)设备优势

近年来,图书馆的自动化建设已取得了一定成绩,各图书馆一般都配有基本的信息处理设备,发展较好的图书馆已实现了各个工作环节的自动化,且数字图书馆、图书馆网络正在建设之中。

2.图书馆的劣势分析

(1)制度落后

传统的体制与运作方式同现代化信息的传递要求格格不入,无法适应各种信息机构的竞争。同时,传统的封闭管理模式使图书馆缺乏竞争意识,缺乏现代营销理念,尚未真正树立以"用户为中心"的理念,使图书馆不能树立良好的社会形象,图书馆的工作得不到社会应有的重视。

(2)文献资源老化

文献入藏量减少,库存的文献资料存在严重的过时老化现象,这种状况远远不能满足日新月异、急剧变化的读者需要,这将导致图书馆的作用、价值逐步降低,图书馆的功能和价值萎缩。

(3)信息服务水平与层次低

开展网络信息服务和知识服务日益成为图书馆服务的重心。然而从目前的情况看,我国图书馆对信息技术的利用效率低下,大多数图书馆只能通过查询系统向用户提供远程书目数据检索,不能提供完全的网络化信息存取与服务。图书馆的服务内容和水平基本上停留在文献服务层次,还未真正涉及深层次的知识服务和个性化服务,远远不能适应用户的信息需求。

(4)人才流失

图书馆馆员传统学科知识和业务技能已难以适应现代化发展的需要,而新鲜血液补充不足。由于工作条件和待遇无法与社会上其他机构相比,因此图书馆馆员队伍不稳定,干部队伍素质偏低。

(5)经费不足

图书馆是社会公益性事业单位,其运营依赖于政府财政支持。然而,图书馆在社会上发挥的作用小,得不到社会公众的理解和支持,也难以得到政府的重视,导致政府对图书馆的投入不足,部分图书馆入不敷出。

3.如何发挥图书馆的优势

以上两种观点各有各的道理,但问题的实质不在于图书馆是否拥有这些优势,而在于能否充分发挥已有优势。按照战略管理理论,内部环境分析分为三个层次:第一个层次是分析产品市场关系,对于图书馆来说,就是分析图书馆的信息产品和信息服务,它们是面对哪些读者开展的,与其他信息机构相比具有什么优势,是否能够吸引用户。第二个层次是分析组织的价值链,对于图书馆来说,就是分析图书馆的活动结构,分析图书馆的每一项活动对用户创造价值的大小和每一项活动的成本。第三个层次是分析图书馆的资源和能力,尤其要分析图书馆的战略资源和核心竞争力。

(1)图书馆是一项公益事业,它面对社会的所有成员开放

对于不同的图书馆来说,面向的人群有所不同,但图书馆的基本性质是一致的。与任何一个信息机构相比,图书馆的公益性都具有最大的优势,因为没有任何一个信息机构可以容纳社会所有成员的基本信息需求。但由于大多数图书馆对于自身的作用认识不足,或者说做得还不够好,因此远远不能满足社会公众基本的信息需求。长期以来,大多数图书馆没有充分发挥自己的社会价值,不清楚应面对哪些用户服务,不清楚用户的信息需求,服务的内容总是老一套。显然,真正重视用户,树立用户第一的观念对图书馆来说,绝不应该仅仅是一句口号。

(2)图书馆的活动结构,也就是图书馆的业务工作和辅助工作

业务工作主要包括文献资源的采购、分类、编目、索引、参考咨询、借阅等,辅助工作主要指行政管理、财务管理、后勤管理、人力资源管理等。图书馆传统的活动结构都是从自己方便的角度出发来建立组织模式的,处理文献怎样方便就采取怎样的工作流程,很少考虑用户的需求,其结果是用户在图书馆借阅相关文献时往往要跑好几个地方,且借阅手续烦琐,等待时间长,还常常碰到拒借现象。检索信息时,用户还常常会遇上麻烦,找了好半天却找不到所需的文献。图书馆应从用户的角度出发构建组织机构,重组业务流程,减少不必要的手续,提高工作效率,保留对用户有价值的工作流程,改造或合并、取消对用户价值小的业务流程。

(3)对于传统图书馆来说,文献信息资源是图书馆的战略资源,信息技术应用能力是图书馆的核心竞争力,而在现代信息社会的条件下,图书馆的战略资源和核心竞争力都受到了挑战

一般图书馆的大多数信息资源是印刷型的,而磁介质存储技术、光盘存储技术和网络通信技术的发展,改变了文献的存在形式,使图书馆以往的资源体系已无法适应读者新的信息需求。因此,发展印刷型、声像型、电子型、网络型等全方位、多功能的信息保障体系对图书馆来说至关重要。然而,当今图书馆经费的普遍不足又限制了图书馆的资源采购,解决的办法之一是积极开展图书馆合作,各馆联合采购,减少重复采购的数量,并争取利用联合优势迫使出版社给予图书馆一定的优惠,建立特色馆藏,合理使用经费,发展图书馆联盟,实现资源共享。图书馆可以通过特色馆藏的建设、网络信息资源的充分利用和馆间互通有无,建立新的战略资源。

(二)图书馆的核心竞争力

核心竞争力是竞争优势的源泉,图书馆的战略管理必然离不开核心竞争力的构建。下面我们在探讨核心竞争力的基础上,结合图书馆外部环境和内部条件的分析,总结出图书馆核心竞争力的内容。

1.核心竞争力

战略管理强调建立组织的竞争优势,而核心竞争力是竞争优势的源泉这一观点已被大多数人所接受。由于战略管理学派众多,各有所长,因此对核心竞争力的界定也不尽相同。从早期的资源观、战略资产观,到后期的技术能力观、组织能力观、应变能力观、核心能力观,经过了一个渐进的认识过程。虽然对组织的核心竞争力还无法做出一个统一的界定,但我们仍可以通过以下描述,对其进行大略的概括。

(1)核心竞争力不等于组织拥有的资源。一个组织竞争力的大小不在于它拥有什么,而在于它利用所拥有的东西能够做什么,是否能够最大限度地发挥资源的效用。

(2)核心竞争力应是相互关联的知识、技能、能力的集合体。物质资源在信息社会中的经济地位已经逐渐让位给智力资源,同一单位产出中,智力资源所占的比重越来越大。

(3)核心竞争力是组织的基本价值所在,它应该融于组织管理系统和组织文化价值之中。现代组织必须认识到组织文化的巨大作用,只有拥有良好的工作氛围,才能将组织中的员工有效地组合和调动起来,形成强大的动力。

(4)核心竞争力应具有良好的辐射性,能够广泛地应用于组织的各项活动中。

(5)核心竞争力要具有良好的适应性,能够随外部环境不断变化。

(6)核心竞争力能够为用户创造较大的价值,在价值链中发挥巨大的作用。

2.图书馆的核心竞争力

从现有的研究成果来看,国内对图书馆核心竞争力的研究和理解可以概括为社会制度观、系统整合观、知识服务观、社会功能观(王宗义、徐引篪等学者关于图书馆核心能力的基本观点,认为信息资源的集藏与整序能力是图书馆的核心能力)等几种主流观点。

综合有关图书馆核心竞争力研究,我们比较认同赖辉荣的观点:"图书馆核心竞争力是指一所图书馆长期形成的,能使图书馆在竞争中保持可持续发展,建立在图书馆各种资源基础之上的获取、开发、整合资源的特有的能力,从而能最大限度地满足用户需求。"

这一概念可以从以下几个方面来理解。

(1)图书馆核心竞争力是图书馆发展历史上长期形成的并已融入图书馆内质中的能力。图书馆核心竞争力同样是一种"累积性学识",没有长期的积累,很难形成自己的核心竞争力。

(2)图书馆核心竞争力是该图书馆区别于其他图书馆的明显特征,应该独具特色,使该图书馆具有独特的竞争性质而难以为竞争对手所模仿。因此,图书馆的核心竞争力是图书馆差异化的有效来源。

(3)图书馆核心竞争力是建立在图书馆的人力资源、文献资源、技术设备资源等资源基础之上的能力,但是资源本身并不是核心竞争力。一般来说,只要存在竞争,就存在资源的占有和配置问题,图书馆核心竞争力的大小也取决于对各种资源获取、开发及整合能力的高低。

(4)图书馆核心竞争力是一种相对于其他能力而言处于核心地位、支配地位的能力。

这一概念比较接近于"系统整合观",但更强调该能力与其他能力及资源之间的关系,因此可以理解为"基于各种资源的能力""整合、协同各种要素的能力"以及"支配各种能力的能力"。

二、图书馆战略管理的制定与实施

(一)图书馆战略的制定

1.确定图书馆的使命

图书馆的使命是描述图书馆目的、图书馆存在的原因和希望去执行的活动的一种简洁声明。定义使命是图书馆进行战略规划的重要步骤,使命指导图书馆确立目标和制定实现这些目标的战略。图书馆使命声明要回答三个主要问题:谁是图书馆的用户,图书馆提供哪些服务,图书馆如何开展这些活动。

2.图书馆在信息社会中的定位

图书馆作为一项公益性事业,与其他社会信息服务机构之间不是"你赢我输"的完全竞争关系,而应该是在竞争的基础上实现更好的合作,共同实现满足社会公众信息需求的目标,促进社会信息化的建设和社会的发展进步。它应向其他信息服务机构提供基本的信息保障;同时,图书馆的用户与社会信息服务机构的用户是互补关系,它们满足的是不同的信息需求。图书馆着重于面向大众,开展基础服务,而社会信息服务机构则侧重于满足特殊的信息需求。

3.图书馆的宏观和微观发展方向

图书馆的宏观发展方向是图书馆联盟,通过图书馆联盟,帮助各个成员馆更经济、更高效地实现各自的目标,使信息资源得到最大限度的开发和利用,使用户信息需求得到最大限度的满足,实现整体效果大于部分效果之和。

图书馆微观发展方向是复合图书馆。复合图书馆不仅是图书馆发展的现实选择,也是图书馆的战略发展方向,它的建设将使图书馆更加充分地发挥自己的社会职能,更好地服务于社会。

(二)图书馆的战略实施

1.复合图书馆的宏观管理

未来的图书馆将积极发展图书馆联盟,开展图书馆合作,实现真正意义上的资源共享。另外,各行业系统要着手建立本系统内全国性的图书馆联盟,同时加强以地区中心为主导的省级或地区性的图书馆联盟。

2.复合图书馆的业务流程

复合图书馆的建设需要对传统图书馆的业务流程进行重组,将支离破碎的业务流程重新组合在一起。这样就可以减少部门之间的摩擦,通过利用信息网络传递信息,避免重复的信息生产,提高工作效率。

3.复合图书馆的信息资源建设

由于用户对信息资源的多样化和个性化的需求,面对庞大的、多类型、多传递渠道的信息资源集合,复合图书馆的信息资源建设必须进行有效的资源整合。在此基础上,复合图书馆的信息资源建设还要突出本馆特色。

4.复合图书馆的用户服务

复合图书馆采取的是一种信息资源管理的新模式,是以用户为中心和需求导向为价值取向的服务方式,是在传统服务方式基础上的拓展和延伸。首先,复合图书馆的服务是开放性的,需要建立面向用户的开放服务体系;其次,提供一站式的信息服务,实现跨库检索和开放链接;最后,个性化服务的普及。如图书馆建立自己的MyLibrary等措施。

5.复合图书馆的组织文化

复合图书馆的组织文化主要指组织的指导思想、经营理念和工作作风,包括价值观念、行为准则、道德规范、文化传统、风俗习惯、典礼仪式、管理制度以及组织形象的总和,其从整体上描述了组织成员共享的价值观和思想意识。

第六章　图书馆信息技术整合

第一节　图书馆数字资源整合

一、数字资源整合的概念

数字资源整合的概念界定在学术界还颇具争议,不同的学者有不同的视角,所以在数字资源整合的理解和倾向上也各有不同。在综合了许多学者对数字资源整合的概念界定之后,有学者对数字资源整合的概念做出了如下界定:对于自然界存在的分散的、自主的、结构各有不同的、形式各异的、不同领域的数字资源(包括文本信息资源、多媒体信息资源等),运用科学合理的方式方法,对这些数字资源进行组织,形成有体系结构的、一体化的、完善的数字资源体系,建立为用户提供全方位、一体化、现代化服务的平台,让用户可以方便快捷地搜索到其所需的数字信息资源,满足用户的各种个性化需求,并改善和优化图书馆信息资源管理的过程就是数字资源整合。值得注意的是,数字资源整合并不是简单信息资源的累加,而是有序排列;数字资源整合并不改变数字信息的原有形态,它只是提供了一个更加方便快捷的数字资源服务平台。整合前的数字资源信息仍然是独立的,可供人们检索和使用。

二、数字资源整合建模思路

数字资源整合模式是对图书馆资源的充分利用和深层次挖掘,使其能够全面发挥数字资源的优势,并得到充分利用,体现其价值。信息化时代的图书馆在进行信息化管理的过程中,引进大量的电子设备,海量的数字信息被图书馆信息资源库收录,冲击了传统以纸质为载体的文献信息资源,使得图书馆资源结构发生了巨大改变。由于网络时代的到来,人们越来越喜欢网络这种足不出户便可晓天下事的收集信息的方式,图书馆也有责任为用户提供数字信息资源,满足用户需求。同时,也要寻求其他服务项目,拓展图书馆的服务渠道,给图书馆的发展创造新的思路。

数字资源整合模式构建的主要目的是为用户服务,为用户营造出一个网络图书馆,让用户可以通过网络远程访问图书馆资源,打造一个数字资源丰富、全面,用户可以放心使用的知识平台。数字资源整合模式实现的方式主要有对网络资源以及本馆资源进行深度挖掘、逻辑关联、标引排序,使用户获取信息更加方便、全面、有序。对图书馆的资源进行整合,使数字资源有关联性、一体化、结构化地聚合在一起,从而彻底解决了信息孤岛问题。

三、构建数字资源整合模式需解决的问题

(一)突破管理体制的制约

构建数字资源整合模式是图书馆提高用户服务质量的需要,图书馆在现有的资源条件和信息需求的背景下,进行数字资源整合需要考虑多方面问题。随着信息科技的不断发展,用户的需求也开始变得复杂化、多样化,而为用户提供个性化服务是图书馆的职责所在。然而,一个图书馆的资源是有限的,人力是有限的,资金也是有限的,所以图书馆收集信息的数量受到了制约,图书馆馆藏也就不可能涉及所有领域,满足所有人的需求。另一方面,一个人的需求也只是一个方面,不可能涉及图书馆的全部信息资源,所以除所需资料外,那些资源信息对此人来说都是多余的,甚至是影响其查找资料文件的障碍。所以,需要一个可以统筹管理各种资料,合理分配利用各种资源,科学规划图书馆信息,使图书馆各部门或工作小组能够有效沟通,分享资源,形成友好高效的合作机制,以实现资源最大化利用为目的,进行数字资源整合的组织或部门。

我国各高校图书馆具有数字资源整合的天然优势,不仅有深厚的文化底蕴,还有大量的掌握先进技术的科技型人才,还有经验丰富、学识不凡的专家教授,所以将高校图书馆作为数字资源整合的主体机构具有很大的便利性。当然,数字资源整合不是高校图书馆自己的事,而需要很多机构的共同努力,各机构的有序协调合作,才是实现数字资源整合的基础条件。比如,需要行政部门联合沟通各所高校之间的合作、交流等。在数字资源整合过程中,各高校可以各展所长,选择自己擅长的领域进行数字资源整合,实现优势互补,充分利用各校优势资源,在使资源发挥最大利用效益的情况下,完成数字资源整合。所以,各个部门要突破各自为政的管理局面,加强交流与合作,共同创建一套完整的协作发展机制,实现数字资源整合的效益最大化。

当前，图书馆自主管理、各自为政，馆与馆之间缺乏沟通，形成封闭管理运作的情况，这也是图书馆管理的普遍现象。此现象导致信息资源建设程度不一、重点不同、内容重复交叉或遗漏，最终造成各种资源的浪费，又成为不同部门、不同机构之间的交流发展、协调合作的障碍，使整体的资源整合环境处于混乱、无序的状态中。近年来，有关部门通过行政手段干预，促使信息资源整合活动的开展，但是大都是被动地接受，很多具有丰富馆藏、拥有大量人才、掌握先进技术、获得大量资金支持的图书馆不愿与相对落后的小型图书馆合作。因此，突破各自为政、缺乏合作交流的管理体制，建立一套运行机制，是建立有效的数字资源整合模式亟待解决的关键问题之一。

（二）明确资源整合范畴

在法制社会，人们要尊重知识产权，在数字资源整合中要格外注意知识产权问题，明确资源整合范畴和类型。也就是说，图书馆要明确规定哪些资源是可以整合的，哪些是需要协商一致达成共识的，这也是尊重知识、维护知识产权的做法，同时也避免了侵害知识产权而引起不必要的纠纷。另一方面，图书馆要确定哪些资源类型是可以通过有效配置就可以整合的，哪些是需要特殊的技术支持才能被整合的；同时要区分不同类型资源整合的难易程度，对于本身馆藏资源与馆外免费数字资源是否都能够被整合，如果出现预想不到的问题需要如何处理等，都是数字资源整合时需要考虑的，实际也有可能发生的问题。除此之外，对一些小众的、边缘性的学科和那些具有复杂的交叉内容的学科进行整合时，是否需要有关部门出具一套统一规范，明确这类资源归属等相关问题，都需要制定明确的实施标准。

（三）突破技术水平的制约

科技发展是人类进步的基础条件，数字资源整合模式构建需要科学技术的支持。数字资源整合模式基于数字资源，数字资源离不开计算机技术、网络技术、信息安全技术等的支持，同样重要的还有信息资源系统的信息索引技术等。数字资源整合是为满足用户需求而提出的一项活动，网络平台建设是数字资源整合需要完成的内容之一。但就当前的发展状态来看，各地区、各图书馆对科技掌握程度不同，科技发展水平不均衡，技术倾斜程度不同，使数字资源整合在整体发展上受到了制约。同时随着用户需求的不断多样化，为用户提供个性化服务成为数字资源整合过程中的一道难题。要想解决这一系列问题，需要科学技术的支持。

另一方面,数字资源整合理论体系不够完善,甚至可以说是匮乏,从而使得整合实践缺乏理论指导,无法确立明确的目标,没有形成统一的规则标准。我国对于数字资源整合技术的研究并不深入,也无法形成完善的理论体系。当前,只有少数的大学图书馆实现了部分数字资源的整合,可以为用户提供统一检索平台,整合各学科、各领域的信息资源,为用户提供完整的、系统的知识服务。但是,这部分大学图书馆使用的技术也大都依赖于国外的技术成果。而其他学校则没有高质量的信息服务平台,提供的数字资源信息不够具体,没有完善的体系结构,分类不够精细化,信息索引功能效率低下,在信息系统维护方面也表现得十分无力。

(四)确定数字资源整合模式建设人员

数字资源整合需要有具备管理能力的统筹管理人员,需要有具备沟通能力的协调人员,需要有具备计算机技术和网络技术的技术人员,需要有拥有丰富知识背景的专家学者型的具体资源整合人员等。参与数字资源整合的每一个人都要各有所长,在自己擅长的领域中较有建树,且对数字资源整合的其他方面也要有所了解,只有这样组成的建设队伍才能保障数字资源整合工作的顺利完成,并有能力完善其后续工作。基于对数字资源整合队伍建设的严格要求,图书馆在选拔人才时应该做到以下几点:第一,确定整合队伍的选拔标准,考查人员的整体素质和专业擅长领域,被选拔的人员要能够胜任数字资源整合的工作要求;第二,确定每个人的工作职能与责任,确保数字资源整合过程中人尽其责、物尽其用;第三,建立一个统一管理机构,管控各部门人员的工作,保障其协调顺畅地进行;第四,对整合队伍中的人员进行相关知识和技能的培训,使每个工作人员都有基本的熟练使用各种数字资源整合系统和工具的能力;第五,设立适当的评价标准和奖惩机制,充分了解每个工作人员的工作能力,保证数字资源整合工作的顺利进行;第六,每个单位需设置专职管理岗位,负责对整合过程进行全局协调和质量控制。

第二节 图书馆网络信息资源整合

一、网络信息资源的内涵

（一）网络信息资源的概念

网络信息资源包括来自互联网和物联网的所有信息，这是一个非常庞大的信息系统，既包括对人们的学习生活有积极作用的信息，又包括会对人们的心理健康带来不利影响的消极信息。就网络信息资源本身来说，它是一个十分抽象的概念，至今各国学者都没有能够给它下一个明确的定义，但有一点是得到世界公认的，即网络信息资源是可以被采集、整合、分析、利用的，并且随着社会的不断发展，信息资源的容量变得越来越庞大，内容变得越来越丰富，这对人类来说无疑是一笔巨大的财富。

（二）网络信息资源的分类

网络信息资源庞大而丰富，因此对它进行分类处理是十分必要的。根据不同的分类原则，网络信息资源可以被分为多个不同的类型。

第一，根据网络信息资源对人们起到的作用类型，可以被分为消极网络信息资源和积极网络信息资源。例如，兴起于俄罗斯的杀人游戏——蓝鲸游戏，通过在网上寻找"猎物"，使众多青少年由于自我意识不足等而成为被害者，给众多家庭带去了无尽的痛苦，这种网络传播的信息不仅没有及时得到遏制，还通过网络广泛传播到全世界，这种信息就属于消极网络信息资源。而有一些个人和组织针对这种游戏的广泛传播，积极推送了多种形式的有利于阻止青少年被害的网络信息，这种信息就是积极网络信息资源。

第二，按照网络信息资源的来源不同，可以分为作者个人上传的网络信息资源和他人代作者上传的网络信息资源。一般情况下，网络信息资源都是由信息持有者亲自上传至网络，但有时由于信息持有者不方便或者因为技术无法由自身完成信息的网络化过程，则需要由他人代为进行。

第三，按照网络信息资源的读取形式，可以将其分为文本类网络信息资源、视频类网络信息资源、音频类网络信息资源、图片类网络信息资源等。所谓文本类网络信息资源，是指以文字的形式体现出来的信息资源，如网络小说、博客等；视频类网络信息资源，顾名思义就是以视频形式被用户读取的资源，包括各种体育赛事的网络直播或转播、电视剧和电影的在线播放、网络直播，比较流行的视频网络信息资源获取平台有火山小视频、抖音、腾讯视频、优酷、爱奇艺等。

第四，按照网络信息资源的时效性不同，可以将其分为新闻和报纸类网络信息资源、期刊类网络信息资源、图书类网络信息资源等。网络是一个信息高速广泛传播的平台，相较于纸质报纸和电视新闻，网络有更广泛的受众，且比电视和报纸具有更好的时效性，如新闻可以进行时时更新等。网络图书与期刊和纸质图书与期刊相比，具有方便快捷的特点，便于人们随时取用，因此受到人们的广泛欢迎。

第五，根据网络信息资源的获取方式不同，可以将其分为免费类网络信息资源和付费类网络信息资源。如果有些网络信息资源的形成没有成本或者成本较低，或出于其他目的，信息持有者会选择免费将这类信息提供给需要的人；而如果信息持有者通过比较大的代价才获取了信息资源，那么通常要向受众收取一定的费用方提供资源，例如现在腾讯视频、优酷、爱奇艺等都有会员制度，将一部分稀缺的网络信息资源只提供给付费会员。

第六，按照网络信息资源的合法性与否，可以将其分为合法网络信息资源和非法网络信息资源等。信息持有者出于不同的目的将信息上传至网络，网络上的绝大部分信息是合法、积极向上的，但是有些人很可能因为利益，将一些明显违反法律规定的信息发布到网络上，并使其被大范围地转发，造成十分不好的影响，例如有些人上传淫秽视频博取点击量或者对观看人员进行收费获得非法利润，再如一些人非法收集个人信息并在网络上大肆贩卖等，这些信息都属于非法网络信息资源。

第七，按照网络信息资源的存取方式不同，可以将其分为 E-mail（邮件）类网络信息资源、图书馆类网络信息资源等。如今，每个人都至少拥有一个 E-mail 邮箱，通过这个邮箱接收来自不同人发给我们的邮件，这个邮件就是 E-mail 类网络信息资源。本科生、硕士研究生、博士研究生在毕业前都要撰写毕业论文，写论文必须参考一定的资料，他们必然会用到学校的校园图书馆网络查询资料、文献等，这些信息就是图书馆类网络信息资源。

（三）网络信息资源的特点

不同于现代图书馆，网络拥有巨大的存储空间，它可以容纳的信息是无法计算出来的，这就决定了网络信息资源信息量大、内容丰富、种类繁多等特点，另外还具有不受时间、空间的限制，易于所有网络用户的存储与取用等特点，为人们的生活和学习提供了极大的便利。因此，网络信息资源具有不可替代的经济价值和社会价值。

二、网络信息资源整合的含义

对于很多新兴行业，其含义都不统一，但其多样性同样反映出人们对这些新兴行业的重视以及研究热情。对于网络信息资源整合同样如此，众多研究学者在对此进行探究的同时，从不同的角度、不同的方向对它进行了界定。其中有些偏重于组织结构，有些偏重于知识体系的整体价值，而有些则偏重于实行网络信息资源整合所使用的技术与方法。站在巨人的肩膀上，这里也试着给网络信息资源整合做出以下界定：网络信息资源整合就是通过先进的网络信息索引、信息搜集等技术手段，将分散于网络的、形式不同的、多样化的信息资源进行收集、分析、筛选、标引、存储等加工成可供用户在网络平台中，通过一些索引手段收集到的有组织结构的、有序的、全面的网络信息资源。

从以上网络信息资源整合的界定可以看出，网络信息资源整合是依据一定的规则标准与知识需求，对网络信息资源实施优化与重组的过程。网络信息资源整合的对象包括信息资源内容、结构、组织关系等，实际上是通过分类、融合等方式对信息资源的再创造，使之成为新的、高效的有机整体。网络信息资源整合程度的高低决定着用户使用价值。

三、现代图书馆网络信息资源整合的必要性

（一）信息组织的动态性、多模式要求

信息技术的进步与广泛应用带来的是种类繁多、数量庞大的数字化信息。以往的信息资源大部分是文本信息，而现在网络上充斥着大量的图像、图形、音频、视频等非文本信息，过去主要适用于文本信息处理的方式，早已跟不上时代的发展。非结构化信息没有文本信息的格式化与规范化等特点，要想实现人们对信息的需求，对非结构化信息的有效检索，以及建立规模适中的非文本信息数据库、降低成本等问题，成为传统的组织方式面临的难题。

（二）信息组织的自动化要求

现代化、自动化的生产方式得以普及的主要原因是解放了劳动力，大量烦

琐的工作由机器代替。传统的信息组织方式在庞大的网络信息资源面前就显得十分无力,并且人工处理方式也满足不了网络信息的原始性、完整性与时效性的要求。所以,信息组织的自动化要求图书馆进行网络信息资源整合,这也是信息组织自动化的必然要求。

(三)信息组织的透明化、易用性要求

在网络迅速发展的背景下,网络已成为人们获取信息的主要来源之一。现代的网络资源需求者不再局限于少部分研究人员或科技工作者,更多的是涉及不同领域、不同知识层级、不同年龄阶段的社会大众。用户结构的复杂性反映出的一个问题就是多数用户不具备必要的信息检索能力,为适应复杂多变的用户环境,满足普通用户信息检索需要,实现网络资源共享,就必须将网络信息资源进行有效整合,将网络信息变成用户可以便捷、迅速获取的信息。

(四)信息组织的精确性要求

网络信息资源的产出速度使其无法形成一个完善的体系结构,而且社会的不断进步导致各领域的相关信息不断地更新换代,且时间速度不一;同时信息也出现了大量重复、错漏、冗余泛滥、真假并存等现象,导致网络信息资源系统化、程序化程度低。虽然网络上出现了诸如百度、搜狗、360等一批高效搜索引擎,但这些都无法彻底解决信息精确度不高的问题,因此还是需要通过网络信息资源整合来改善以上现象。

(五)信息组织的标准化、兼容性要求

网络是一个拥有无数节点且没有组织领导的分散式网状结构,这样的网状结构特点是网络信息资源形成混乱、无序、真假并存现象的主要原因。信息网络是对网络信息资源进行存储、分析、加工的协作系统。系统间的交流与网络资源充分利用要求各方面的整体配合,因此网络化的前提条件就是在信息组织与加工等方面采用一系列标准,实现数据格式、描述语言和标引语言的标准化等。

四、图书馆整合网络信息资源的有效策略

(一)明确网络信息资源整合的目标

在实施任何活动之前,明确的目标必不可少,目标是活动的指引,是成功的

前提。在网络信息资源整合方面,明确的目标是网络信息资源整合的指南针,指导着正确整合网络信息的发展方向。立足于整体,把控全局,对网络信息资源进行有效管理,对网络信息布局、发展内容、研究利用、创建原则等设立统一标准,合理规划,在信息创造的源头就有效控制其有序性与合理性,确保网络信息资源整合的顺利进行。网络信息资源整合只靠标准的约束是不够的,相关单位、政府机关要发挥政策的引导作用,为网络信息资源整合提供政策保障,使信息整合真正落到实处,造福社会。

网络信息资源整合的目标:首先,整合设立信息类别齐全,存储多样化、多结构化数据库,建立供用户使用的高效网络信息服务平台;其次,建立一套完善的、整体的、合理的、有效的信息检索体系,最好具体到每个步骤、每个环节,做到信息资源的充分开发和利用;再次,在信息资源整合过程中,保证信息质量,过滤掉冗余、虚假、无价值的信息,将搜集的信息进行分类、重组、标引,建立统一信息质量标准;最后,开放网络资源服务平台,营造网络信息健康传播环境,实现网络信息的全面共享。

(二)优化网络信息资源数据库及应用系统

网络作为网络信息资源的载体,其开放性与无限共享等特点使类型多样、结构不一、内容重复、资源冗余、信息错漏的信息资源大量存在,相对的原创网络信息资源却十分匮乏,并分散到互联网的各个角落,且呈现出分布不均衡的现象。结构化、半结构化和非结构化网络信息资源是网络信息整合的对象,处理好这部分信息资源,可以顺利解决网络信息错漏、冗余、不规范等问题。非文本信息处理起来相对复杂,现在人们常用的处理方式有:第一,中间代理,即搜索引擎接收用户请求后,充当媒介,查找定位用户所需信息,并返回给客户的处理方式;第二,建立映射,建立资源概念数据库,建立映射规则关系用于资源概念数据库与实际资源数据库。

(三)拓宽图书馆资金来源渠道

每一项工作的顺利推进都离不开资金的支持,资金是保障工作顺利进行的物质基础。现代图书馆的网络信息资源整合,涉及人力(工作执行主体)、物力(网络设备)、电子设备投入信息技术(如网络技术、信息索引技术、智能化技术等)等各个方面,尤其是信息技术方面耗资巨大,但却不可缺少。作为公益服务型机构,其主要的资金来源是国家及地方的财政拨款。虽然国家大力支持图书馆信息管理改革,但其资金投入必然有限,在大量的资金需求下,图书馆要积极拓展资金来源,拓宽资金渠道,减少对国家拨款的依赖。图书馆有类型不同、种类齐全、涵盖广泛的信息数据库,因此要尽可能地做到资金来源多元化,图书馆网络信息资源整合做到有章、有法、有重点地整合建设,明确各项工作的优先级别,分批次、分步骤地做好网络信息资源的整合,使图书馆信息化管理成为现实。

(四)加强图书馆网络信息资源整合队伍建设

不论是明确整合目标、优化信息资源,还是争取大量资金与技术支持等活动,都离不开人的参与,人才是网络信息资源整合的主体。图书馆要重视人才的招募与培养,加强图书馆信息管理队伍建设,建立起一支可以担任起网络信息资源整合重任的队伍。网络信息资源整合涉及的能力范围广泛,包括专业的图书管理知识、信息资源收集能力、计算机信息技术等。所以,网络信息资源整合队伍必须是一支高素质的具备数据分析与资源研究能力的,又有全方位知识结构的高能力队伍。只有这样的一支队伍,才能满足用户个性化需求,为用户提供高效服务,帮助用户掌握网络资源组织结构信息与特点,保障网络信息资源整合的有效顺利进行,从而切实推动图书馆网络信息资源整合建设实施。

第三节 图书馆知识资源整合

一、知识资源整合概述

(一)知识资源整合的含义

知识资源整合就是将零散的、无系统的知识运用一定的科学方法,重新整理构建成一套完整的知识体系。从整体角度而言,知识整合就是将来自不同渠道、不同领域、不同内容、不同知识结构,以及不同学术层次的、分散的、单一的知识资源,遵照统一的原则,依据一定明确的目的分析加工,重新构建出一个系统的、有序的,并能够发挥整体性能的知识结构。我们不能把知识资源整合简单地理解成对不同知识的简单叠加,知识资源整合是对知识的再创造,使知识资源的效用最大化。知识资源整合是图书馆信息管理工作的前提,只有在知识资源合理整合的基础上,才能顺利实施图书馆的管理工作。

(二)知识资源整合的内容

可持续发展的观点适用于其他领域,同样适用于知识资源整合。知识在不断地发展,新的知识不断地出现,旧的知识不断地被总结、凝练或被新的知识所替代,所以在进行知识资源整合时,不仅要将现有知识资源进行整合,还要分析挖掘各领域发展可能带来的潜在知识资源与隐性知识资源。实施知识资源整合,不能仅仅局限于当前知识体系,还要着眼于未来社会的发展给知识体系带来的挑战,为潜在的知识留有整合的空间。在知识管理的角度,图书馆的知识资源主要是指由人力资源、读者资源、组织资源三部分组成的隐性的智力资源。其中,人力资源主要是指图书信息管理工作者、读者服务人员等为了更好地工作和为读者提供高效服务所需要的知识储备和能力。读者资源主要有三个属性:其一,读者的深度,即读者的渗透程度;其二,读者的广度,即读者的来源,读者的覆盖面;其三,读者的忠诚度,顾名思义,就是读者对图书馆的依赖程度。组织资源就是图书馆所具有的满足读者需要的能力。

知识整合主要整合的对象是知识资源,其主要作用体现在两个方面:其一,对知识资源功能的整合,即把各部分知识的功能经过科学的处理组合成新的,具有整体性能的新功能体系;其二,对知识资源效用的整合,即各部分知识的效用依照一定的需求或目的,结合成一种新的效用。知识资源整合是使分散的、各种不同的知识结合在一起,形成一个新的知识体系,产生系统的性质的活动。图书馆知识资源整合属于图书馆管理的一大门类,其最终目的是提升图书馆的知识管理水平,增强图书馆的服务能力。因而,在图书馆管理工作中,必须将知识管理作为一个重要方面常抓不懈。知识是图书管理的核心要素,在建立知识资源整合机制时,必然要认清知识所处的重要地位与核心作用,坚持知识主体位置不动摇。身处知识经济时代,知识的重要性不言而喻,一个人很难成为全才,但是博览群书对于人的长远、持续发展则永远不会过时。因此,我们必须树立知识整合意识,通过知识整合推动现代图书馆的可持续发展,并且在这个过程中实现个人的长足进步。

二、知识资源整合是图书馆可持续发展的需要

(一)外部机构竞争和用户需求变化促使图书馆知识整合

知识经济时代,知识就是社会发展、科技进步的基石。为了能够适应时代潮流、顺应时代发展以及人们对知识的需求与渴望,在这样的背景下,许许多多知识型信息服务机构应运而生。新的知识平台的诞生,使知识服务有了新的发展契机。新兴的知识信息服务平台的知识存量庞大,涵盖知识面丰富,且大都依附于网络技术,以网络服务平台的方式展现在世人面前,所以它也具有用户使用无地域、时间限制的优势,这是传统图书馆不具备的,也是无法比拟的优势。在信息化发展趋势下,海量知识信息与大量知识服务平台的产生,使用户可以方便地获取知识信息,而不再像以往那样需要专业的知识体系,才能找到自己所需的知识资源,且丰富的知识获取渠道也威胁着图书馆知识中介的地位,使图书馆的发展遇到危机。要想让图书馆可持续发展,成为人们生活工作的助力,就必须对图书馆信息管理进行改革,而首要任务则是依托于计算机信息技术对图书馆进行知识整合,使图书馆知识服务平台提供的知识可有效地为大众所用,让图书馆真正起到知识中介的作用。

(二)知识服务是图书馆创新发展的新生长点

在日益艰难的生存环境中,图书馆要想有良性的可持续发展,就需要改变传统的发展理念与管理模式,将知识信息服务发展成图书馆的主要工作内容,只有顺应了广大用户的需求,被用户所需要才会有生存发展的空间。知识整合

恰恰是发展知识信息服务的必要前提，可以针对用户的普遍需求，通过图书管理人员的知识体系，结合各方面需求对知识资源进行整合与再创造。图书馆的天然优势在于对网络知识资源、自身馆藏资源、档案管理部门，甚至一些研究机构的知识信息都有获取的能力。

广泛的信息资源更好地完成了知识整合，使知识体系更加完善，为构建专业化、个性化、精确化的知识服务平台缔造了条件。

三、图书馆知识整合策略

知识是图书馆立足的根基，更是图书馆管理的核心内容。曾有学者认为，管理是对单位机构内外部可利用资源的有效整合。以这一观点来讲，知识整合是有效促进图书馆知识管理的有效手段，所以图书馆要实现管理的现代化、个性化、信息化，就离不开知识整合，知识整合是推进图书馆可持续发展的助推剂。实现图书馆知识整合可从以下几个方面入手。

（一）通过知识分类来整合图书馆知识

分类是人们认识世界的主要方式之一，分类可以使事物客观、清晰、有条理地展现在人们面前。对于数量庞大的图书资源信息，分类是知识资源整合的有效方法。对于知识的分类方式多种多样，如按照知识应用的领域，可划分为专业知识和通用知识；按使用角度，可划分为原理类、分析论证类、指引教导类等。

将图书馆知识进行分类就是将知识清晰、有序、合理地进行整理。在对知识进行精细化划分后，就可以在此基础上对知识进行梳理、分析、归纳，最终达到知识整合的目的。整合后的知识会成为一个完善的知识体系，从而达到用户知其然，更知其所以然的目的。通过知识整合对图书馆资源进行优化管理的同时，提高其使用价值，增加效益。

（二）通过知识转移来整合图书馆知识

工作、生活、学习等活动在使用知识的同时，也创造着知识，但种种活动方式都离不开集体，所以可以说，知识是集体的，是由集体所共享的。图书馆知识转移的主要对象是图书馆单位集体内的工作团体在完成某项工作过程中，所学到的并了解其本质的知识。

完成图书馆知识转移要明确影响其转移成功与否的三个要素：第一，预期的知识接收者。图书馆提供的知识服务，不论馆内工作人员，还是馆外用户，最终都要服务于人,而被服务的人群就是预期的知识接收者。第二,任务性质。关于任务性质要考虑到它是经常反复发生的,还是偶尔执行的;执行任务时使用的方式或执行过程是相同的还是不同的。第三,知识类型。被转移的知识分为隐含知识和明晰知识两种。图书馆知识转移的过程是由某一图书馆工作团队执行一项任务并得出相应结果,团队建立行动和产出的联系,而后得到共有知识,通过选择合适的知识转移系统,将其转化成其他人能利用的形式,再转移给接收知识的团队,团队可根据自身需要改良知识,以便自己利用,这样接收知识的团队又变成了一开始的任务执行团队,也就是知识提供团队。由此,可把图书馆知识转移分为以下几种。

1.连续转移

连续转移是指一个工作团体在一个工作前提下完成某项图书馆任务时所获得的知识,在完成相同性质的工作任务时被使用到。即工作团队在不同的工作背景下完成相同性质的任务,同时在上一个工作获得的知识被转移到下一个工作中,被转移的知识是隐含知识和明确、清晰的知识。同样,我们可以看出在连续转移中,知识的提供者也是知识的接收者。例如,某一工作小组带领下辖工作小组用一种工作方式完成了一项任务,又在带领其他下辖工作小组完成相同任务时,同样使用了这种工作方式。

2.近转移

近转移是指在一项长期执行且需要重复的工作中,工作执行团队获得的明晰知识被另一个工作团队执行类似工作时所使用。即在相似的工作条件下,知识提供者将其工作所得的明晰知识转移给知识接收者,并为其使用。近转移知识的工作性质是经常性和常规性的。比如,一所大学的图书借阅管理标准推行使用后,也被另一所大学图书馆使用。

3.远转移

远转移是指一个工作团队从事某一任务时获得的隐含知识被另一个工作团队获取。即知识接收者在与知识提供者不同的背景下执行相同或相似的任务,而接受知识提供者的明晰知识。远转移的工作性质是经常性和非常规性的。例如,两个隶属不同部门的工作团队,在合作执行同一个任务期间,其中一个团队获得的隐含知识被另一个团队所使用。

4.战略转移

战略转移是一种集体转移,是未完成图书馆某项重要战略任务的图书馆的集体知识转移。即知识接收者在与知识提供者不同的任务背景下,完成的一项非常规的、对图书馆意义重大的战略任务。例如,A 图书馆进行人力资源体制改革所使用的措施借鉴了 B 图书馆的改革措施;再如,在 C 图书馆实施资源整合的过程中使用的战略方法是借鉴 D 图书馆资源整合的方法。

5.专家转移

专家转移是图书馆某一工作小组在执行某项任务时,遇到了依据自身知识无法解决的难题,主动寻求他人帮助的知识转移。知识提供者和知识接收者执行的任务不同,但有相似的背景,任务是常规但很少发生的。例如,某一图书馆提升优化信息检索效率,向某信息研究小组发出求助信息,并得到反馈,进而解决信息检索优化问题。

(三)通过业务流程来整合图书馆知识

图书馆的业务流程通常是指从各种信息资源的收集开始,以用户知识需求为根本出发点,到图书实施管理并为用户提供所需书籍资料或知识服务等的一系列活动。知识整合就是知识管理,将知识管理与图书馆实际运作流程相结合,在提供知识服务的过程中,了解用户需求,更好地为知识整合奠定基础,精细化、完善的知识整合是为用户提供知识服务的基础保障。知识整合不仅能够提升图书馆的管理效率,更可以节约成本,避免重复冗余的知识资源。可将图书馆业务流程知识划分为三点:其一,基础常识,即个人都应了解并掌握的知识,是最基本的知识类别;其二,常规操作技巧,即为完成常规工作应具备的具体操作以及相应的工作技巧;其三,业务经验,顾名思义,就是经过长期工作而总结出来的隐性知识。前两种业务流程知识类别是标准化、规范化的知识,是可以被清楚表述并学习的。而业务经验则需要通过不断的积累总结才能沉淀为知识,是知识提供者的隐性知识。

图书馆业务流程是否合理,直接影响着图书馆业务效率,是图书馆管理的实现手段。在图书馆业务流程视角下,可以将图书馆的知识整合分为横向整合和纵向整合两种。

横向整合主要是指对相同或相近的业务流程的知识进行横向的分析研究、沟通整合。横向整合同样有两种方式:一种是图书馆内部的横向重组,是图书馆知识整合的主要对象;另一种是图书馆外部的横向重组,即多个图书馆机构之间的相互交流与合作。通过横向整合的方式,图书馆局部的业务能力得以提高,从而促进整体的发展。现阶段,一般的大型图书馆内部同一业务工作内容需要两个或两个以上的工作小组,这就需要运用横向整合去有效处理这两个工作组的沟通问题,取长补短,避免资源浪费。

  所谓的纵向整合就更加复杂,它是有业务流程的每个步骤垂直的整合,同时需要考虑每个步骤的所有影响因素,整体考虑流程知识体系,实行多方面的整合。

第七章 图书馆行政管理

第一节 图书馆行政管理的内容及特点

一、图书馆行政管理的内容

图书馆行政管理是图书馆整体管理的重要组成部分,是全馆各项工作的重要保证。行政管理不同于业务工作,它涉及图书馆各方面的沟通与协调,并贯穿业务工作和行政工作中。在层级上,它以馆长为最高领导,由分管副馆长负责,办公室组织实施、操作,各中层领导参与。

图书馆行政管理就是遵循图书馆的自身特点及运作规律,通过管理者采取计划、组织、决策、指挥、控制、协调等行为,最合理地使用和最大限度地发挥图书馆的人力、财力、物力等资源的作用,以达到办馆的目标和最佳效益的过程。图书馆行政管理包括人力资源管理、经费管理、物业管理、公共关系管理、危机管理以及文书档案管理等内容。

(一)图书馆组织设计

组织设计是图书馆业务工作开展的首要任务,包括机构设置、权责划分、人员配置、经费分配等。图书馆组织设计主要包括三种情况:新建或新合并的高校图书馆需要进行组织结构设计;当图书馆原有组织结构不能适应现代信息服务需求时,需要进行重新评价和设计;图书馆组织结构需要进行局部的调整和完善。

(二)规章制度设计与管理

在图书馆组织设计初期就必须对各个组织结构建立具体的规章制度,使各层组织能够按照规范进行操作。同时,图书馆必须进行科学管理,根据图书馆自身工作的特点和发展规律依法治馆。建立健全各项规章制度,对加强本馆的管理水平、提高职工队伍的整体素质和工作效率有着重要作用。

(三)图书馆经费管理

由于图书、数字资源市场价格上涨,图书馆经费短缺成为图书馆的普遍问题,所以经费管理更加重要。图书馆经费主要包括三种。

1.专项经费

以图书采购、设备投入、业务培训为主,这部分经费是图书馆改善办馆条件,增加信息资源投入的基础,应统筹兼顾、全面安排。首先,必须专款专用。严格按预算办事,不能与正常预算经费相互挤占挪用,确保采购计划的完成。其次,必须有效地使用经费。要根据本单位的任务,比如以藏书结构、读者对象及本馆特色来确定当年收藏范围、收藏重点及采购原则。最后,必须合理安排经费,尽可能避免错购、重购、漏购,确保采购的金额、品种和数量。

2.图书馆通过信息服务活动创收等途径获得的经费

这部分经费主要用来改善馆员福利待遇,是体现二次分配公平的有效措施。福利性经费的管理要注意体现公平和兼顾效率原则。拿出一部分福利性经费给予员工奖励,一方面促进了图书馆业务工作的顺利进行,另一方面也相应提高了馆员的工作热情和积极性。

3.图书馆业务经费和办公经费

图书馆业务经费和办公经费主要包括差旅费、办公用品费、行政设备维修费等。业务经费和行政管理经费伸缩性较强,管理中要求有关领导严核。尽量做到增收节支,发挥最大效能。要建立良好的预算制度,严格执行,避免铺张浪费。

不管哪种经费的管理和使用都要求行政管理工作发挥主导作用,运用管理的手段使有限的财力最大限度地发挥作用。

(四)图书馆设备管理

以计算机等为主的技术设施是图书馆的重要组成部分,关系到图书馆各项工作的顺利完成,也影响着图书馆的建设与发展。

图书馆设备管理的核心有两点:一是培养和配置专职设备管理员;二是保证设备的完好率和提高设备利用率。要对设备进行科学化、标准化、规范化管理。

(五)图书馆档案管理

图书馆归档的材料分文书档案和业务档案两类,按载体材料划分主要包括印刷型的文字材料以及以电子文件形式存在的数字资源。

图书馆文书档案和业务档案一般由馆办公室集中统一管理,以维护它的完整性、真实性。图书馆应该责成专门人员负责文书档案管理,对各方面应归档的材料及时督促、检查、收集、鉴定、整理。

档案材料的立卷归档须按有关要求进行编制卷目、登记造册,并建立严格的阅读管理制度。对电子档案要建立严格的管理体系,按照不同的技术规范正确处理不同格式文档的存储及利用事宜,做好文档安全保护及备份工作。文书档案主要包括各级文件、规划总结数据统计资料、各种评定鉴定材料;业务档案则包括馆员的基本情况、学术研究成果、测评成绩等。

(六)图书馆行政办公礼仪

图书馆行政办公礼仪是指图书馆员工在工作岗位上处理业务和管理日常事务时所要遵循的基本礼仪。遵守行政办公礼仪是图书馆员工服务育人、管理育人和教育育人的必然要求。图书馆行政办公礼仪包括服饰礼仪和工作礼仪。

图书馆工作人员在工作中应注意自己的仪表,着装要规范、简洁、大方。女性馆员应以淡妆为宜,男性馆员切忌留长发、剃光头,着装要注意以正装为主,不宜着短裤、背心。工作礼仪是指在工作时间要遵守图书馆规定的作息时间,每天按时上下班,杜绝迟到、早退现象;在工作态度上应积极主动,工作期间要全神贯注,切忌在工作中上网聊天、打牌,玩忽职守,要培养良好的办公礼仪修养。

二、图书馆行政管理的特点

1.权威性与灵活性相结合

权威性保证了政令畅通效果,使行政工作能够保持正常运转。灵活性是指在与业务相结合的时候具有一定的变通原则,在不违反相关规定的同时能够灵活处理馆员之间以及与读者之间的关系。

2.图书馆行政管理的融合性

图书馆行政管理的主要目的在于通过有效的行政手段促进业务工作的正常进行。行政管理要充分利用和合理调配图书馆的人力、物力、财力、技术等资源,调动广大员工的积极性、主动性和创造性,圆满完成各项任务。

3.及时性

图书馆行政管理使用命令、指示等来调整人、财、物的服务与业务工作,具有较强的针对性,同时又配合对违抗管理所采取的惩罚措施,能迅速发挥作用。而当通过经济手段进行管理或通过思想政治工作达到管理目的时,因为一些原因,时常会出现滞后的状况。因此,图书馆在处理业务活动和人事管理活动或遇到突发事件及管理环境不稳定时,及时的行政管理就能发挥重大作用。

第二节　图书馆行政领导者

图书馆行政领导者是指在图书馆经选举或任命而享有法定权威的领导者，他们依法行使行政权力，为实现一定的行政目标进行组织、管理、决策、指挥等社会活动。

一、行政领导者的地位与作用

一般来说，领导班子应该起到以下几个作用：为整个组织提供理想的符合客观发展规律的努力方向；提供尽可能为下级各组织机构接受的战略和策略；协调各部门之间的矛盾和偏见。

具体来说，各位领导干部都应遵守以下五条规定。

(1)任何领导成员，一旦自己的责任确定，就在这方面拥有最后的决定权。

(2)职、权、责相结合，任何人不得越权做出决定。

(3)领导成员之间的关系不能超越原则，既不能过于亲密，也不可以不团结。

(4)领导班子中的中坚人物，必须是威望出众的人，既要善于调解人际关系，保障各成员之间的团结协作，又要善于决断，在出现严重分歧时，应该具有最后的裁决权力，他的裁决应尽量做到符合客观情况，顾全大局。

(5)当出现权责界限不清的问题时，领导成员应具体讨论，确定由谁来处理。

图书馆行政管理工作的水平直接影响图书馆的建设与发展。有些行政管理工作又与职工的个人实际利益密切相关，如果没有图书馆领导班子的影响力与感召力，将难以按质按量完成任务。

一个优良的领导集团应由下面三种人组成：善于思考的人——处事深谋远虑；善于活动的人——从事各种难题的调解；善于分析的人——从事综合研究工作。还有学者提出，一个领导集团应包括具有高超创造力的思想家、具有高度组织能力的组织家和具有实干精神的实干家，以期达到在知识能力和实际经验上三者的有机结合。

二、行政领导者的职责

图书馆行政领导者包括图书馆馆长、副馆长以及其他负责行政管理事务的干部。不同的图书馆管理机构都为图书馆馆长、副馆长进行了明确的职责设定,综合来说主要包括以下几个方面。

(1)馆长主持全馆日常业务行政管理工作,召开馆务会,检查工作落实措施,组织全馆人员按质按量完成任务;认真执行党和政府的方针、政策、法令和指示,制订图书馆发展规划、工作计划和设备购置计划,领导制定和修订图书馆各项规章制度、岗位职责和工作细则,并组织贯彻实施;合理安排图书馆各部门各环节的工作;制订图书馆经费预算计划、年度计划与经费开支。

(2)执行上级领导的决定,并负责定期向上级主管领导请示和汇报工作。

(3)加强全馆的专业人才队伍建设,按人才结构系统化、专业化的原则,组织安排培训、业务研究和专业进修、年度考核、职称评聘和实施奖惩等人事管理工作。

(4)积极促进开展科学研究和国内外图书情报学术交流活动,活跃本馆学术风气,不断提高工作人员的政治理论水平、文化水平和图书馆专业技能水平。

(5)努力推动新技术和先进科学管理方法在图书馆的应用,使各项业务工作标准化、规范化;领导规划和组织实施图书馆现代化发展进度,稳步推进图书馆自动化、网络化、数字化建设。

(6)负责图书馆卫生、治安保卫工作,并检查和指导各室执行情况;副馆长协助馆长工作。

三、行政领导者的素质提升

图书馆行政工作的好坏,很大程度上取决于行政领导者的素质。在行政管理工作中,图书馆领导者应从以下几个方面提高自身素质。

1.加强政治理论学习,提高自身的政治素养

图书馆行政领导者的政治素养表现为社会主义人生观、世界观和价值观,要求必须坚决执行党的各项方针政策,有较高的政治觉悟。

图书馆行政领导者的基本素质主要包括:要有坚定的马克思主义信仰,具有坚定而正确的政治方向,能够正确认识并贯彻执行党的"一个中心,两个基本点"的基本路线。大公无私、平等待人、严于律己、宽以待人、廉洁奉公,是图书馆领导班子必须严格遵守的重要原则。

2.加强业务学习,完善知识结构

作为行政领导与业务领导相结合的管理岗位,图书馆行政领导者不仅要具有高超的行政管理水平,还要熟知图书馆管理学,并掌握一定的图书馆学、情报

学、计算机科学以及光盘、网络知识等,真正做到内行领导。

3.学习行政领导艺术,提升个人能力

领导艺术主要包括履行职能的艺术,比如决策、用权、授权艺术,沟通、激励、指导艺术及人际关系协调艺术等。其中,图书馆行政领导者沟通和激励的能力直接影响图书馆工作的绩效水平。

4.培养良好的心理素质

行政管理活动的丰富性使领导者总是面临复杂的交往范围、同事关系、工作态度和精神状态,没有好的心理素质很难胜任。领导者应培养积极主动的性格,熟悉业务和理论工作,增强管理中的自信心,并培养较强的自制力,在工作中锻炼坚忍的意志。

第三节　现代图书馆管理系统的组成

一、决策系统

决策系统是制定政策和发布指令、计划的司令部，是领导、组织整个决策过程的机关。从某种意义上可以说，它是整个管理系统的中枢与核心，其他系统都是为决策系统服务的。

决策系统是由拥有决策权的领导集体和个人组成的。馆长、副馆长、书记是主要成员，办公室主任、各部主任是一般成员，必要时还可聘请专家顾问作为临时成员。在馆长负责制的体制下，馆长占有非常重要的地位，是这一系统的核心，拥有最后决策权。

二、执行系统

执行系统即贯彻决策系统旨意的系统，是管理系统的决策执行机构。此系统的主要特点是执行路线明确，一级执行着一级的命令。

这个系统比较大，包括各个协调部门和行政业务部门。如馆长办公室、业务办公室、行政处（科）、总务处（科）、人事处（科），以及采访部、编目部、流通阅览部、参考咨询部、网络部等业务部门，是执行系统的组成部分。该系统的组成范围比较广，同时其组成又具有一定的灵活性，即随着决策、任务的不同，其具体成员会有所变动。如有时可考虑增加必要的、临时性的机构协助工作，一旦目标实现，由馆长解散即可。对于执行系统的部、室负责人和馆员，技术上的要求或业务上的要求应更全面一些、高一些。这个系统的结构应当严密、精干，人员要忠实、干练，富有指挥组织能力。

三、监督系统

监督系统一般由党委组织、馆员代表大会、图书馆委员会以及纪律检查委员会、工会、读者协会等组成。对这个系统成员的要求是作风正派、政策水平高，有很强的原则性和刚直不阿的精神。

监督系统起到对决策和执行两个程序的监督作用，兼有反馈职能，能够及时了解、掌握执行情况和存在的问题，为决策系统提供反馈信息，作为正确决策的依据。简言之，监督系统具有监督与反馈的职能，是决策系统及时发现失误的一面镜子,并能为未来决策的修正提供事实依据。

四、参谋系统

参谋系统又称咨询系统,是管理系统的智囊机构,是决策体制出现横向分工化趋势的产物。

参谋系统一般由学术委员会、图书情报机构咨询委员会或工作委员会等组成。这个系统的成员要求思想活跃、博学多才、视野开阔,具有综合分析能力。参谋系统既可以由图书馆内部成员组成,在图书馆管理层中组建知识团队、咨询小组,也可利用图书馆与社会各界的广泛联系,建立图书馆的"外脑库"或"智囊团"。如一年一度的图书馆专家咨询会议就是难得向专家"取经"的机会。全国的和地区的图书馆行政管理机关以及较大型的图书馆应当有自己的咨询参谋实体。

第八章　图书馆档案信息化管理

第一节　档案信息化管理概述

一、档案信息化管理的优点

现代社会的科学研究、国防军事、地质气象、企业管理、金融经济,乃至人们的生活娱乐等领域,都离不开计算机技术,计算机科学技术的发展不断促进着社会的发展进步。同样,对档案进行信息化管理的技术早已实现,档案管理信息化成为档案管理的有效途径。采用信息化对档案进行管理有诸多优势,具体如下:第一,档案信息化管理的效率和正确性都较高,相对于人工而言,信息化管理具有不可比拟的效率优势,有效减轻了管理人员的工作压力;第二,档案信息化管理可以根据客户需求,快速检索资料信息,提高了管理人员为客户提供服务的效率,进而提升了客户体验;第三,档案的信息化管理可以对图书等资料信息数据进行有序整理,工作人员可以根据管理系统整理后的数据合理地利用馆藏空间,提高图书馆的空间利用率,避免不必要的空间浪费;第四,根据图书馆环境与条件,建立一个专供内部工作人员使用的局域网,让档案信息管理系统的数据得以共享,让图书馆的信息管理、档案管理等相关人员可以及时交流沟通,从而方便快捷地为客户服务。

二、档案信息化管理的现状

档案是人类文明的记录者,档案记载着人类长久以来的社会发展、文明延续、科学进步、生产提高等信息。人类文明的某一历史时刻、政治决策等,如中国首颗卫星的发射成功、中国共产党的成立、《红楼梦》的完结、中国古代货币的出现、印刷术的发明、奴隶社会的覆灭等信息都可以在档案中得以反映。并且随着科技的进步,档案记录的方式不再局限于纸质馆藏,现在很多科技信息、文化成果等数据都可以以电子档案的方式加以记录,这就形成了档案载体形式的新颖与多样性。同时，档案还记载着不同时期、不同地点及不同领域的信息，种类繁多、数量巨大，给传统的档案管理带来了巨大的挑战。因此，档案的保管与使用要满足社会需求，就必然要走上信息化、现代化管理的道理。

在一般人眼中，档案管理往往被认为是简单的书籍条目信息管理，其实这样的认识是狭隘的，至少是不全面的。对于数量庞大、种类繁多的档案信息，要综合运用计算机与多媒体等现代技术的方式方法，将不同类型或格式的档案，如音频、视频、文字和图像等文件整合在一起，对这些图、文、声、形进行技术处理，形成有效且可用的电子数字化文件，进一步利用各种不同的方式进行保存。经过这种方式处理过的档案具有可长期存储、易于保存、方便利用的特点，进而达到长期稳定、海量存储、资源共享的目的。目前，我国的档案管理还不能完全地实现信息化管理，在客户需求、人员配置、资金支持等方面，人们无法实现将某一个单位或图书馆的全部馆藏信息进行信息化处理。退而求其次，现阶段人们可以有选择地依照"价值性、实用性、精练性、特色性"等原则，将部分馆藏资源进行信息化，一点一滴地建立具有自身发展特色的档案管理与服务体系。

目前，已经陆续着手开展档案信息化管理的各企事业单位的档案管理部门和各级图书馆，因各种限制，对档案的收藏不及时、不全面，档案基础差，卷宗质量低的现象普遍存在；并且没有统一的、完善的、具有普遍适用性的档案信息化管理标准，档案信息化管理标准仅局限于某一领域或某一专业系统。再加上各企事业单位档案部门内部的人力配备程度、资金支持程度、科技运用程度参差不齐，以及一些其他自身原因的限制，使档案信息化管理出现"各有长短、各有侧重、秩序混乱"的局面。现在档案信息化管理的当务之急就是严格规范档案信息化管理标准，确立档案信息化管理普遍适用的基本原则，并加大各档案管理部门推广执行力度。

三、档案信息化管理的发展趋势

（一）档案管理规范化

档案管理的一个重要手段就是档案管理规范化，只有规范的管理方法，才能提高档案管理工作的效率，这也是反映一个单位档案管理是否有成效、有意义的重要标志。当前"各自为政"的档案管理问题愈演愈烈。在信息化时代，信息资源共享不全面、不及时与信息孤岛问题日益突出，其根本原因是缺少有统一性、一致性和互操作性的档案信息化管理标准。要想保障档案信息化顺利开展,达到档案信息共享的目的,就要实现档案管理的规范化与标准化,而实现这些的前提就是制定档案信息管理标准体系。

在实际的档案管理工作中,要贯彻落实《中华人民共和国档案法》和《中华人民共和国档案法实施办法》等法律法规,政府机关要重视档案规范化管理工作,要将其提到日常管理工作的重要日程上来,让档案规范化管理与政府机构、企事业单位其他工作具有同等地位,将档案规范化管理列入政府考核的内容中,有效部署和实施档案规范化管理,实实在在地解决档案管理工作中的问题,做到问题早发现、早处理。同时,要明确档案管理工作的负责人,建立岗位责任制;吸收培养档案管理的专业人才,提高管理科技水平;完善档案管理相关活动(如交接、存储、研究、使用、统计等)的管理规范和工作制度;做好档案转移记录,让档案状态(出借、保存、展示等)有迹可循;结合各门类档案,制定档案归档范围和保管期限管理标准;等等。档案管理工作要做到分门别类、井然有序,做到档案的每一个状态、动作都有记录,监察、分析并保存档案利用实际效果与其作用大小等。同时,加强公文制作规范化管理,针对各企事业单位的不同情况,制定一系列档案管理规范化的技术标准与管理标准,如《档案著录规则》(DA/T18—1999)等,并切实落实这些标准;同时对这一系列措施做好记录,并对其进行集中管理,形成实现数据共享、信息集成以及指导档案信息全程管理的规范化系统。除了要注重科技、落实标准以外,不能忽略管理是以人为本的重要性,人才是管理的主体,因此,要提高工作人员档案规范化管理的意识,培养档案管理工作人员的管理技能,提高档案管理人员的能力水平,进而实现档案管理规范化的目的。

(二)档案管理精细化

档案中最普遍为人知晓的当属学生档案,如学生档案一样,档案是一个人或一个组织从出生发展到当前在生活实践中形成的具有完整记录作用的信息,这些信息是记录已发生的事迹,所以它是固化的,可以清晰地、确定地反映一个人或组织发展变化过程的重要信息资源。档案的特性表明它具有原始凭证性,为保证档案的终身质量,要求从建立档案开始就必须精细地管理。档案管理的现状是:有很多企事业单位的档案管理工作并不规范,没有标准,专职档案管理人员配置不到位,稳定性差。还有些单位的档案整理工作没有专职人员负责,采取的方式是雇用临时员工或者干脆业务外包,给档案的保存、保密等带来了不确定性。只有制定精细化的、行之有效的管理措施,才能让档案管理工作高质量地完成。现代化、信息化的管理是档案管理的必然趋势,现实的档案管理流程是设计和实现高效档案信息资源管理系统的实际依据和重要参照,这就要求档案管理工作流程要不断细化,工作制度和工作标准要不断完善。

档案管理工作需要顺应事物发展的客观规律,按照规律章程办理,这也是档案管理工作走上科学发展道路的客观要求。实行科学的精细化管理是科学发展档案管理工作的必然选择,实现精细化管理要遵照以下几个原则:第一,要实行岗位责任制,人员的安排部署、责任的明确、监督检查的适时公正等是岗位责任制的关键内容。第二,档案管理工作在制定分类方案、归档范围和划分期限上要细化,保证档案馆每份文件的使用、存储及销毁都有据可循。第三,将档案管理工作流程化,按照规章规则,按部就班地安排工作内容,各司其职、各负其责。对于各方面的文件、图纸、照片、音频、视频等多种形式的文件和资料很多都需要归档保存,这些都将成为档案馆里的一部分,每一份需要留存的文件和材料生成后,从归档、移交到档案室,再经过鉴定、电子档案的载体有效性测试和复制、整理、系统分类、著录、编目、数字化、信息化、装订、上架存储等的一系列过程,还有档案的查询与使用,档案的编辑与研究,以及档案的日常维护与安全管理等,都需要有精细化的工作流程与明细表格,明确每一步工作执行的质量和标准、重点与难点、进度和完成时间等。对档案管理工作人员实行岗位责任制,就需要有监督制度、考核标准,明确的检查与考核的方法和奖惩措施也是对档案管理工作人员的督促与激励,同时也是档案管理监督工作的保障。

(三)档案管理集成化

在档案管理信息化的过程中,档案信息资源的集成统一管理是一个必然趋势,因为档案信息资源的集成管理可以提高信息服务与决策支持的质量,是档案信息资源高效管理的有效手段。档案信息资源的集成管理是一种思想,是通过集成的方式、方法,将档案的各项管理要素优化整合,而不是将档案信息简单地集中或叠加。集成管理档案信息资源将不同或相近档案信息资源之间联系得更加紧密,使人们的使用更加方便,检索更加便捷,使档案发挥其最大效用,从而实现效益的最大化。

档案资源集成化管理主要有以下几点内容。

1.数据和信息集成

数据和信息集成是指将分布在某一信息资源系统中自治与异构的数据(这些数据大多来自多处局部数据源)信息进行有效集成;在多个应用系统之间,实现数据的分类与信息共享;针对部分原有信息系统中那些不一致的某一系统自治的数据库,要进行集成并建立主题数据库,使这些信息统一共享。

2.应用系统功能集成

应用系统功能集成是在保障集成系统整体功能统一框架的基础上,分享和开发各个应用系统的功能协议、标准或规范,加强各系统功能之间的相互调用、通信等功能,以及各系统之间的耦合性,使之成为一个多功能、一体化的档案管理系统。比如,文档、业务与数字信息资源管理系统的集成,更好地发挥了集成化信息系统的功能。

3.过程集成

简单地说,过程集成就是档案管理工作的业务流程集成。过程集成主要包括文件与档案管理工作流程的集成、文档管理系统与服务系统的集成,以及档案管理部门对档案资料来源单位职能活动前端性介入干预过程的集成管理。

4.技术集成

技术集成就是对计算机网络技术、多媒体技术、数据库技术,以及云计算等其他前端的信息技术与硬件条件的综合利用和合理配置。

(四)档案管理智能化

人工智能是现在计算机科学发展的一个分支,是前沿科技的发展趋势,计算机管理系统的智能化将成为计算机管理系统的优势和发展趋势,是科技发展的重点内容。另一方面,智能化是现代科技发展的重要标志,是网络化和信息化进一步发展的途径,在这样的社会发展进程中,档案信息管理也应该逐渐实现自动化与智能化。在设计文件和档案管理信息系统时,要努力向前沿科技靠拢,依靠科技的发展提升文件和档案管理信息系统的功能实用性,进而提高档案管理工作的质量与效率,使档案高效管理成为可能。

当今档案管理自动化的软件产品并不尽如人意,虽然科技发展支持软件研制开发机构研发自动化软件,但这些软件的功能却不能完全满足人们的需求。许多标榜自动化的管理软件,在实际应用中,不是自动化管理的效果不明显或太差,就是功能上不完善,档案管理工作人员使用起来并不方便,有时还会因为复杂的操作流程而影响工作效率,让人无法完全寄予信任。在面对复杂的问题时,能够具备一定的判断推理能力、逻辑处理能力,是高效的档案管理对文件和档案管理信息系统的基本要求。自动化、智能化的档案管理信息系统要能够给工作人员以提示,如档案室的库存是否受到威胁、利用是否合理,使用频次高的档案是否需要采取特别的保护措施,外借不在馆的文件或档案是否及时回收等提示;自动化、智能化的档案管理信息系统要能够真正实现自动化,如自动判别档案类别、档案保密级别、档案保管期限、归档单位及数量等;自动化、智能化的档案管理信息系统要有监控管理工作的功能,如是否进行了规范管理、文档档案的借阅是否符合规定流程、工作人员的系统权限级别配置是否正确,档案收集是否齐全完整、内容是否真实有效等。一般的管理信息系统都有在线学习和帮助功能,自动化、智能化的档案管理信息系统也应该提供此项服务,让档案工作人员可以在线学习各种业务知识,如各种档案法律法规、相关制度规范等。自动化、智能化的档案管理信息系统应具备能够研究分析出档案信息中有价值的信息进而影响当前决策的功能,如自动分析全宗简介、目录、著录、全文等信息,推理出与经济发展工作相关的档案资料等。

总之,从公文书中的自动催发、自动转发,到档案的自动归档、自动组卷、自动标引,甚至自动著录、自动鉴定和自动销毁等都是档案管理智能化的表现,是现代新型档案管理信息系统发展的趋势。

四、档案信息化管理的意义

(一)档案信息化使档案管理工作更加便捷高效

依靠人工的档案管理工作对档案资料的收集整理、分类归档、应用管理等都需要人工完成,工作量大、工作内容杂乱,还无法保证档案分析整理的正确率。一方面,在办公自动化的环境下,依托于计算机科学技术的现代化档案信息化管理,可以自动将电子资料档案分类、随时归档或者定期进行统一归档,完全可以减轻人工整理归档的工作负担,同时也提高了工作的正确性。即使电子归档出现错误,档案信息化管理也可以根据检索编号或归档日志等途径及时纠正。另一方面,档案部门可以利用网络来传输档案信息资料,快速获取信息,方便快捷地使用研究档案资源,同时使档案管理工作人员更加高效地提供信息服务,大大减轻了档案管理人员的工作量,节省时间,提高工作效率。

(二)改变了档案储存的唯一性

档案信息化管理改变了档案储存的唯一性,档案信息电子化,可以大幅度提高档案资料的保存率与资料的完整性。传统纸质档案很难做到对每份档案都备份,一些珍贵资料一旦损坏就无法挽回,档案信息电子化存储就有效解决了这些困扰档案部门的难题。档案信息化管理具有诸多优势,如节省保存空间、降低保管费用、延长保管期限的同时,还降低了档案管理的成本。

(三)档案信息利用更为便捷

网络信息时代,档案管理信息化使档案信息利用更为便捷。在以往的纸质档案管理中,要想找到一份资料,可能要检索很长时间,甚至会因为某些原因,在耗费大量的时间与精力之后,也查询不到。而且,为保护珍贵的档案资料,查询的权限常常受到限制,查阅的流程也相当复杂。档案信息化管理,可以将资料以电子文件的方式进行存储,人们可以通过网络共享档案资料,同时只要在相关的数据库中检索就可以方便快捷地得到想要的资料信息,节省了时间和人力,这是人工检索无法比拟的优势。

第二节　档案信息化管理存在的问题及策略

一、档案信息化管理存在的问题

档案信息化管理是档案管理的必然发展趋势,信息化技术给档案信息化管理带来了革新,但同时档案信息化管理也存在诸多问题。

(一)技术支持还不全面

档案信息化管理的前提是计算机网络技术的支持,档案信息化管理及其建设需要先进的技术作为保障。"万事开头难"这句话同样适用于档案管理信息化建设中,在档案管理信息化初期,首先要完成的任务就是将传统的纸质档案转化为电子档案,这就需要扫描仪等电子设备。目前,多数档案管理单位采用的是价格便宜的平板扫描仪,虽然它兼顾了经济效益,但工作效率却很低,无法快速将纸质档案转化成电子文档,拖慢了档案管理信息化的进度。但是,如果购进先进的扫描仪器,虽然提高了工作速度,但其软件配置与使用维护所需要的资金相对较高,且在此项任务完成后,其所面临的结果很有可能就是闲置,造成资源浪费。在长久看来,此项投入的性价比并不高,经济效益和长期效应并不理想。

(二)规范体系还不完善

档案管理的信息化需要标准的规范给予保障。现行的法律法规已经不能全面规范档案管理信息化的快速发展,无法保证档案管理信息化健康、合理地迅速发展。法律标准规范的制定在一定程度上有其周期性,而且需要长时间的制定过程,导致缺乏相应的信息安全、信息伦理,以及信息政策等人文管理手段,无法保障电子信息资源的法律地位,得不到法律的承认,致使电子文件的真实性、可靠性备受质疑。

(三)安全制度尚不健全

由于资金、技术等方面的限制,档案信息化管理在数据安全上受到了较大的威胁,制约着档案管理信息化的发展进程。因为电子档案需要计算机科学技术的支持,但随着计算机系统的不断更新换代和网络的快速发展,其本身就存在安全隐患。在硬件方面,计算机硬件不仅可能遭受自然灾害的影响,也无法抵御人为的恶意损坏,同时计算机硬件使用寿命也是有限的。在软件方面,软件需要不断升级更新,也需要投入大量的资金进行系统维护,以避免遭受病毒的侵袭和破坏。另外,毕竟档案管理人员不是专业的信息技术人员,其内部的安全管理措施、工作人员的安全意识等都相对欠缺,这就有可能造成安全漏洞,给网络黑客以可乘之机。

(四)人员配备存在不合理现象

人才是实现档案信息化管理的主体,管理人员的综合素质决定了档案信息化管理的质量与效率。具有较高的知识和先进技术水平的现代化管理人才不是单单熟练操作计算机、会使用管理软件就可以胜任的。优秀的档案管理人才不仅在计算机科学技术上有较高的造诣,在档案管理方面也一定要是专业的,同时还要具备较高的网络安全意识。但就目前来看,有些档案管理人员懂得先进的科学技术,可以灵活应用计算机技术,但其档案管理的专业知识不过关;而另一部分档案管理人员具有专业档案管理的知识基础,但对信息技术知之甚少。这样面面俱到的全面型档案管理人才十分稀缺,需要引起社会的关注。

二、档案信息化管理发展策略

(一)提高电子文件归档管理的信息化水平

各种信息资料在移交档案馆后,或档案馆收集到档案信息后,工作人员需要对这些档案资料进行分类,在信息化的档案管理系统中将其转换为电子数据,这包括将用纸记录的信息转化成电子文档,将照片输入系统转换成电子图片,将录音、录像输入系统转换成可供系统读取的音频、视频,然后对系统中的这些信息资源进行价值的鉴定、分类和归档等处理,并提炼出有价值的信息,确保其在原有的完整性、真实有效性的基础上具有使用性。档案馆本身也要依据有关法律法规出台适应自身档案信息化管理的规则、标准,促进档案信息化管理的发展,保障档案信息化管理的顺利进行,提高档案信息化管理应用的效率。

(二)提高档案工作人员从业素质

人才是发展的基础,提高档案工作人员从业素质,培养高素质人才是档案信息化管理发展的保障。档案管理信息化建设,要求档案管理工作人员具备专业的档案管理知识的同时,有较强的计算机软件应用技术,了解网络安全技术,具备较强的安全意识与保密意识。任何发展建设的主体都是人,只有人的综合素质提高了,才能使档案工作顺利、有序地进行。因此,在目前档案管理工作人员素质发展不全面的现状下,加强档案管理工作人员先进技术的培训,是档案馆开展档案管理信息化建设的当务之急。统一的技术知识培训、档案管理知识宣讲、自主学习等都是提高工作人员综合素质的有效手段。还有让工作人员在工作实践中,理解档案管理知识,熟练工作技巧等,在信息化技术环境下、在实践中不断提高自我创造性,进而推进档案管理信息化建设进程。

(三)改变传统管理模式,加强信息化管理手段,实现信息共享

档案管理信息化的目的是优化档案信息化管理手段,实现档案信息资源共享。要想将这一目的变成现实,就需要提高档案信息化的应用效率,让档案管理信息化落到实处。提高档案信息化的应用效率需要改变传统的档案管理模式,改变服务态度,扩大档案信息服务的范围,转变那些不适合档案管理发展的思维模式,加强反应能力与主动为人民服务的意识,提高档案管理效率与服务质量。在信息技术不断发展、知识不断更新、消息迅速扩散的时代,档案管理工作人员要学会洞察先机,加强热点信息收集整合的能力,利用各种现代化的科学技术,建立信息共享中心,让档案信息真正方便、快捷地为人所用,实现档案信息化管理的作用。同时,要提高档案信息检索的效率与准确性,明确管理系统及系统中的信息安全、规范,保障档案信息资源的使用价值。

(四)领导者更新观念,提高认识,重视档案信息化的管理建设

档案部门的领导是档案管理工作者的领头羊,领导的管理观念直接影响着档案信息管理的发展方向,档案管理信息化首先要领导者更新观念,认识到档案管理信息化的重要性。档案是反映人类社会发展进步不可或缺的珍贵资料,是研究人类文明、社会变迁等问题的重要依据,其发挥的作用也越来越重要。档案管理领导者要清楚地认识到档案管理的重大意义,在改变自己观念的同时,也要让档案管理部门的所有人员深刻了解档案工作的重要性,让自己与其他工作人员一同投身档案的信息化建设。加大资金投入力度、加强人才培养、为档案工作创造良好的发展平台、加强对档案工作的领导等都是重视档案信息

化管理建设的表现。

档案管理工作人员是档案管理工作的具体实施者，是影响档案信息化管理进程的重要因素之一。档案管理工作人员要强化档案意识，理解档案管理工作的重要性，在具体的工作中，改变传统的工作方式，重视并积极配合档案管理信息化建设。在新的社会需求下，各个档案管理部门要加强交流与合作，取长补短，学习其他兄弟部门先进的管理技术与科学的管理理念，积极发展档案管理的信息化，走出一条具有自己特色的档案管理信息化之路。

（五）加大资金投入，确保档案信息的安全

档案信息化管理建设的必要保障之一，是大量的资金投入和加强档案管理基础设施建设。作为档案信息化管理建设的硬件基础条件之一的计算机是普遍需要的，计算机应配备的设备，以及日常设备的维护，都需要大量的资金投入。在系统软件方面，要紧跟科技发展的步伐，不断更新计算机和网络技术，架设高效实用的档案管理平台，实现对档案多角度、全方面、多功能的综合化、现代化管理。档案信息资源的共享需要构建一个完善的、多功能的档案信息网络，以供各信息网络之间信息的传递与交流，让更多的人可以通过网络查阅自己所需的档案信息，实现档案服务的现代化、大众化目标。

档案信息化管理建设的另一个必要保障就是档案信息安全管理，加强档案信息安全管理是保障档案信息安全的必要手段。一方面，档案管理工作人员要提高档案信息安全意识，区分并制定保密级别，设置安全防护权限，制定安全管理行为准则，提高各项规定的执行力度，重视管理系统，并实时更新安全防护软件，提高管理系统的安全性。另一方面，技术支持是网络安全的有效保障，加大技术支持力度，建立健全信息资源安全管理技术标准并严格执行，进而避免档案资源的真实性与有效性受到威胁，保障管理系统安全。

（六）转变档案工作方式，变实体管理为信息管理

由于传统的档案信息管理依靠的是人工，档案管理针对的是纸质实体，人的能力有限，不能将全部的档案信息资料整理归纳，因此就造成了相当一部分档案信息资源被闲置浪费，更有甚者被丢失损坏。而档案信息化管理终结了这种局面，档案信息化的本质就是信息，档案管理的各项工作都是围绕着信息展开的，信息成为档案管理的主要对象。档案管理的工作人员将纸质实体档案转化为电子档案，建立电子档案管理数据库，并对这些档案信息数据加以分析与

维护，变实体管理为信息管理。在这种管理模式下，档案管理的很多工作都是由计算机实现的，减轻档案管理工作量的同时，增加了档案管理的效率与质量，使档案服务更加高效，提升了客户的体验，促进了信息的交流与共享。

第三节　电子文件管理与电子文件中心

一、电子文件管理

(一)电子文件的概念

电子文件是法定的责任者在其职能活动中形成的被计算机系统识别、处理,并能够按一定格式存储在 U 盘、存储器、光盘等介质中,同时可以在网络上传送的数字代码序列。电子文件包括文本文件、图形文件、图像文件、影像文件、声音文件和多媒体文件。

(二)电子文件的基本特征

第一,电子文件的本质是文件,是文件的一种存储类型。既然是文件,那么电子文件就同样具有规范体式,它的生成同样需要经过制作和审批流程,并应具有与文件同等的法律地位和现实执行效用等文件所具有的各种属性。第二,电子文件是以"数字信息"的方式存在的,是"数字信息"和"文件"的集成,因此"数字信息"所具有的易检索、易删除、易修改、易复制、易传输等优势特点,电子文件都应具有。这是电子文件的两大基本特征。概括来说,电子文件是通过计算机技术生成和处理的,具有文件特征的数字信息,并且是以最底层的二进制数字代码存储和表示的,因此也常常被称为"数字文件"。

(三)电子文件管理原则

1.制度保障原则

制度是实施管理所应该遵守的章程或行为准则,是有效管理的保障。加强和完善相关电子文件管理制度建设,严格执行制度政策是电子文件有效管理的保障。制度的建立主要是为规范人的行为,为人的工作提供标准或依据。所以首先就要建立一套完善的、合理的用人制度,严格挑选可用人才。对于现有的电子文件,管理人员同样需要对其提出严格要求,并明确具体的奖惩措施。另外就是要确定各岗位相关人员的工作职责,严格执行岗位责任制,做到各司其职,各负其责。

2.完整性保障原则

完整性保障原则是指要保证电子文件的数量齐全;对于单一文件来说,完整性保障原则是指要保证每一份电子文件的信息完整。为确保电子文件具有价值,可供人们研究使用,就要保障其完整性。因此,工作人员必须熟知电子文件生成原则与规律、分布状况,同时要收集并有效保存电子文件及其相关数据,并确保电子文件的完整性。

3.前端控制原则

要实现电子文件全程管理,在开始时就需要进行控制,而前端指的就是电子文件生成的过程。前端控制原则是确保电子文件真实可靠的有力保障,是优化电子文件管理功能的必要条件,同时也是提高电子文件管理效率的基本原则。

4.全程管理原则

全程管理是指包括对电子文件的流程、管理规则、管理方法以及管理质量的要求等多个方面进行全方位管理的体系。在电子文件生成、使用、收集、累积、分析、归档、再利用的每个过程,以及每个过程涉及的管理规则、方法、质量等节点的结果和具体过程都是全程管理原则所需要重视的。具体表现在电子文件形成过程中的具体过程和整体效应;力求利用管理系统中的各种资源,使信息资源效益最大化的方式方法。电子文件的全程管理也是一种过程管理,电子文件从开发利用到归案留存,会经历很多环节,不论哪个环节出现问题,都有可能给电子文件的完整性、原始性及真实性带来威胁。因此,要确立全程管理原则,对电子文件的每一个过程、每一步的具体操作方式方法和效果都要进行监控。电子文件的管理人员只有明确自己的岗位职责,才能不断调整管理策略,及时发现并纠正工作失误,进而确保电子文件的有效价值,保障电子文件流程的畅通、使用的高效以及管理的精确与全面。

5.真实性保障原则

相较于电子文件,纸质文件一旦形成,其内容和形式特征就固定了,并且不易更改,即使有更改的痕迹也会被识别出来,所以纸质文件在一定程度上保障了文件信息的原始性。而电子文件的存在形式会随着电子文件的载体、格式的转换而改变,所以,电子文件在形成和使用的过程中,内容也可能出现变动,这就破坏了电子文件的原始性,从而影响其真实性。因此,在电子文件形成使用的全过程中,要建立电子文件使用日志,详细记录电子文件形成、使用、管理的全部过程,建立完善的监管制度,确保电子文件流程的每一个环节都有据可查,进而确保电子文件的原始性与真实性。

6.安全保密原则

安全保密原则就是指按照国家有关法律法规和规范标准的要求,采取有效技术手段和管理措施,确保电子文件信息安全,不受侵害。

(四)电子文件管理方式

不同的业务范围,不同的应用领域,电子文件的种类和内容也存在巨大的差异。因此,在电子文件管理的方式方法上,不同组织机构都会有自己的管理方案,但总的来讲都有以下两种管理特点。

1.实行统一管理

根据有关规定,组织机构文秘管理部门负统一管理电子文件、电子档案的责任,这一规定在拓展了文秘管理部门职能的同时,也提高了其地位。为确保电子文件信息资源的原始性、完整性、安全性及有效性,负责电子文件管理的文秘管理部门应制定统一的管理制度和标准,并负有推行监管这些制度和标准顺利有效执行的责任。统一管理、统一开发利用保障了电子文件的安全性,提高了使用效率,降低了电子文件的管理成本,同时优化了电子文件流程,良好地协调了机关业务流程的有效运行。

2.文档一体化管理

随着时间的推移与组织机构的发展进步,电子文件有了大量的积累,其长期保存的要求促使文档一体化管理不再止步于提倡阶段,而是逐渐推行。电子文件和电子档案在计算机系统中的区别并不明显,很难界定,这是二者分别管理的瓶颈,是一个较难解决的问题。一体化管理不仅是对电子文件与电子档案的统一管理,还是对电子文档的全过程管理,这要求在电子文档形成时就要考虑到电子文件管理系统的软硬件配置、网络节点与安全设置、电子文件载体格式、应用数据库结构设计,以及索引编制的方式方法等。电子文件的归档、整理、鉴定、著录、生成元数据等档案管理性工作也需要在文件的形成或运转阶段进行。所以说,文档一体化管理是电子文件管理的必然趋势。

二、电子文件中心

(一)电子文件中心的定义及产生背景

1.电子文件中心的定义

电子文件中心是指将归档前的文档与归档后的文档相结合,进而对电子文档和档案进行持续管理的组织或工作方式,也称为文档中心。

2.电子文件中心的产生背景

在我国信息化建设和体制改革的大背景下,电子文件中心建设应运而生。早在第八个五年计划开始时,我国就不断将信息化建设纳入重点发展目标,其中"十一五"规划最为重视信息化建设。同时,我国各级行政机关和其他部门管理体制改革的不断深入,对精简机构、提高效率提出了新的要求。因此,有必要从文件管理和电子文件管理两个方面探索适应这种情况的新的制度和方法。

(二)电子文件中心的功能

1.电子文件管理功能

电子文件中心创建的主要目的是管理电子政务中形成的电子文档。电子文件中心的工作重心是监督指导电子文档的形成和归档,并规范电子文档的全过程管理。根据文件接收的范围和要求,对电子政务中形成的电子文档进行适时接收和集中存储,并由党委、政府及其职能部门的电子政务平台对各种电子文件进行科学管理,实现电子文档的安全存储与有效使用,实现文件的全面、统一管理,确保电子文件和档案的真实性和完整性。同时,它解决了信息化建设中重复投资和冗余建设的问题,指明了集约化、专业化发展的方向。

2.政府信息公开功能

电子文件中心的建立,在对电子文件起着科学管理的作用的同时,其实质是对政府信息的公开。电子文件中心存储着大量政府机关电子政务中心的文件信息,这些文件在电子文件中心一体化管理的前提下,被有效利用的同时,也在向社会公开。

《中华人民共和国政府信息公开条例》由国务院于2007年公布,这个条例要求"各级人民政府要在档案馆设置政府信息查阅场所,为公民、法人或其他组织获取政府信息提供便利"。政府机关电子政务中心形成的电子文件被电子文件中心及时收集管理,并出现了"随时形成、随时收集、随时发布利用"的良好现象。电子文件中心是各级政府机关共享信息资源的中心,是政府机关通过档案馆向社会公开政务信息的渠道,是政府紧密联系群众、服务人民的新窗口。

3.电子文件归档功能

因为电子文件中心的地位尚未得到统一的认可,所以对电子文件中心地位认识的差异致使对电子文件归档功能的理解也有所不同。主要形成了以下两种观点。

第一,电子文件中心具有较为广泛的、相对稳定的政府电子文件收集网络,建立了有效的运行机制,电子文件中心收集政府机关电子政务形成的文件,使大量分散的电子文件在电子文件中心长久保存。同时,电子文件中心的集中管理与存储保障了电子文件的原始性、完整性和真实性,从而保证了电子文件的使用价值和信息共享。

第二,根据电子文件的最终归档单位,很多人判断电子文件中心是一个档案过渡机构,它的作用是将从电子政务中心收集到的电子文件统一收集,最后移交到数字档案馆。以这个观点来看,电子文件管理中心不仅要收集管理电子文件,同时还负有将这些文件移交给数字档案馆的义务。电子文件中心的优势在于,电子文件中心可以屏蔽档案馆提前接收电子文件在制度层面上的限制,优化了接收流程,是国家档案馆能够更好地履行科学整合管理各类档案资源职能的助力。但也有人认为,电子文件中心的建立弊大于利,电子文件中心这样过渡性机构的存在,势必耗费一定的人力、物力,同时在电子文件归档的流程上也增加了不必要的环节,在这些环节中会增加电子文件丢失、损毁或失真的可能性。因此,调整电子档案中心中间机构的角色地位的提议得到了普遍认同,以使电子文件中心真正起到长久保存并合理利用电子文件的作用。

(三)电子文件中心的安全策略

1.制度规范

电子文件中心的安全保障,要有严格的规则与制度支持。应根据有关法律、法规和国家政策,制定电子文件中心计算机管理制度和电子文件管理系统操作手册,制定详尽的工作规程,编制应急工作处理预案,加强工作人员的安全培训,使其养成良好的工作习惯,提高安全意识和保密意识。

2.网络安全

网络安全是电子文件安全技术保障之一。国家保密局于1999年制定的《关于加强政府上网信息保密管理的通知》中明确规定,涉密信息网络必须与公共信息网实行物理隔离。这是加强政府机关与涉密的组织机构上网信息安全的保密管理,保证国家信息安全的策略之一。电子文件中心的建立依托于政务专网,是政务信息系统成员之一。电子文件中心实施并设置在政务网中,需要遵照《关于加强政府上网信息保密管理的通知》中的要求,与其他公共信息网实行物理隔离。同时,借助政务网的网络安全体系,保障电子文件中心的网络安全。

3.数据安全

数据安全技术主要是对传输中的电子文件信息采取数字认证和加密等方式保障电子文件数据安全性的技术。电子文件中心在接收文件的过程中,运用公钥基础设施(Public Key Infrastructure,PKI)技术对传输数据中的版权和认证信息加以处理,在不篡改原始数据的情况下,制成可嵌入原始数据中的数字水印,为原始文件设置数字认证信息。在日后要使用电子文件数据时,子文件中心通过一定的算法检验数字认证信息的真伪,进而判断电子文件数据信息是否被非法篡改,电子文件是否还具有其原始性和完整性。密钥加密技术是保障电子文件在传输过程中安全性和隐秘性的重要技术手段之一,也是最常用的方式之一。在电子文件发送之前,采用对称或非对称的密钥加密方式对文件进行加密,在接收读取电子文件信息时,再用相对应的密钥技术解密处理,从而保证电子文件的传输安全。在电子文件数据保存方面,要重视备份的重要性。至少要做到双机备份或异地备份,以避免在遭到人为损毁或自然灾害时可能出现的数据篡改和损毁。

4.系统安全

第一,在电子文件管理系统的访问控制方面,要采用身份认证和权限管理两种系统安全措施。系统管理员要在系统中预设安全访问规则,制定访问权限级别,在用户登录系统时,监测其是否为合法用户等。采用访问控制、制定访问规则的办法,有效控制用户的操作对系统没有侵害性,从而保护系统不受非法用户和非法操作的威胁。

第二,在系统软件防护方面,要做到每台计算机都要安装杀毒软件、防木马软件,定期对系统进行安全病毒查杀,并及时更新杀毒软件,安装系统补丁,对软件进行升级维护等。

参考文献

[1] 谢薛芬.浅谈高校图书馆工作[M].杭州:浙江工商大学出版社,2018.

[2] 陈陶平,赵宇,蔡英.现代高校图书馆管理与服务探究[M].北京:九州出版社,2018.

[3] 李国翠,郭旗.图书馆资源建设与管理艺术[M].长春:吉林美术出版社,2019.

[4] 马雨佳,于霏,高玉清.现代图书馆信息管理及服务研究[M].北京:九州出版社,2018.

[5] 于红,李茂银.高校图书馆管理与服务创新研究[M].长春:吉林人民出版社,2019.

[6] 张白影,聂道良.图书馆工作论丛:第6辑[M].北京:北京理工大学出版社,2017.

[7] 陆丹晨.高校图书馆管理的创新性研究[M].石家庄:河北人民出版社,2018.

[8] 杨琳.高校图书馆管理与阅读服务模式创新[M].长春:吉林人民出版社,2019.

[9] 王振伟.新时期高校图书馆读者服务工作研究[M].北京:北京理工大学出版社,2019.

[10] 柴晓娟,代根兴.高校图书馆评估与管理[M].北京:北京图书馆出版社,2006.

[11] 唐淑香."互联网+"时代高校图书馆学科服务研究[M].西安:西安交通大学出版社,2018.

[12] 王印成,包华,孟文辉.高校图书馆信息管理与资源建设[M].北京:经济日报出版社,2018.

[13] 于芳.高校图书馆服务工作与采访模式创新研究[M].长春:吉林出版集团股份有限公司,2018.

[14] 李书宁.图书馆电子资源采购的规范管理与控制[M].北京:中国经济出版社,2019.

[15] 赵新龙.高校图书馆工作:理论与实践[M].上海:上海交通大学出版社,2012.